Le Cochon
à son meilleur

Coordination de l'édition: Rachel Fontaine
Révision des textes: Odette Lord
Conception de la maquette intérieure: Josée Amyotte
Coordination de la production: Martine Lavoie
Infographie: Johanne Lemay
Traitement des images: Mélanie Sabourin
Poèmes: Johanne Rompré
Photographies: Pierre Arpin
Photographies des chapitres: Pierre Arpin et
Dominique Thibodeau
Stylisme: Caroline Simon

Pour leur participation au projet, Le Porc du Québec remercie les
marchands suivants:
L.N. Antiquités pour la table
Cache-Cache

Données de catalogage avant publication (Canada)

Mollé, Philippe

Le cochon à son meilleur

Comprend un index.

1. Cuisine (Porc).   I. Titre.

TX749.5.P67M64   1996   641.6'64   C95-941873-3

Dépôt légal: 1er trimestre 1996
Bibliothèque nationale du Québec

ISBN 2-7619-1297-7

Ce livre a été produit grâce au système d'imagerie au laser
des Éditions de l'Homme, lequel comprend:

* Un digitaliseur Scitex Smart™ 720 et
  un poste de retouche de couleurs Scitex Rightouch™;
* Les produits Kodak;
* Les ordinateurs Apple inc.;
* Le système de gestion et d'impression des photos avec
  le logiciel Color Central® de Compumation inc.;
* Le processeur d'images RIP 50 PL2 combiné avec
  la nouvelle technologie Lino Dot® et Lino Pipeline® de
  Linotype-Hell®.

DISTRIBUTEURS EXCLUSIFS:

* Pour le Canada et les États-Unis:
  LES MESSAGERIES ADP*
  955, rue Amherst, Montréal H2L 3K4
  Tél.: (514) 523-1182
  Télécopieur: (514) 939-0406
  * Filiale de Sogides ltée

* Pour la Belgique et le Luxembourg:
  PRESSES DE BELGIQUE S.A.
  Boulevard de l'Europe 117
  B-1301 Wavre
  Tél.: (10) 41-59-66
      (10) 41-78-50
  Télécopieur: (10) 41-20-24

* Pour la Suisse:
  TRANSAT S.A.
  Route des Jeunes, 4 Ter
  C.P. 125
  1211 Genève 26
  Tél.: (41-22) 342-77-40
  Télécopieur: (41-22) 343-46-46

* Pour la France et les autres pays:
  INTER FORUM
  Immeuble Paryseine, 3 Allée de la Seine, 94854 Ivry Cedex
  Tél.: (1) 49-59-11-89/91
  Télécopieur: (1) 49-59-11-96
  Commandes: Tél.: (16) 38-32-71-00
              Télécopieur: (16) 38-32-71-28

Le Cochon
à son meilleur

Le Porc du Québec

Recettes de Philippe Mollé

LES ÉDITIONS DE
L'HOMME

Le porc n'a plus la cuisson qu'il avait

Grillades joyeuses, fines charcuteries, belles fondues... Avec le porc, les voluptés qui vous attendent sont à la mesure de votre imagination et des quelques nouveaux trucs cochons qu'il vous faut connaître!

Question cuisson, par exemple, il est bon de savoir que, plus sain et d'allure plus sportive, le porc d'aujourd'hui a perdu jusqu'à 50 % de ses graisses. C'est pourquoi on ne peut plus se permettre de le cuire comme autrefois. Car surcuire une viande aussi maigre que l'est maintenant le porc québécois reviendrait à l'assécher. Ne saisissez pas la viande à feu trop vif et suspendez la cuisson dès que la viande tourne du rose au blanc. Et si vous aimez votre cochon avec un soupçon de rose, rien ne peut dorénavant freiner votre plaisir. En cuisant votre porc nouveau de nouvelle façon, vous aurez sous la dent une chair plus tendre, au fumet incomparable!

Cette merveille de raffinement qu'est le porc du Québec arrive désormais jusqu'à votre assiette, grâce au talent du chef Philippe Mollé, communicateur culinaire et chercheur bien connu, qui vous propose ici de redécouvrir les charmes incontestables de ce noble animal, fleurant bon le thym ou le laurier, relevé d'épices exotiques, apprêté avec des fruits ou nappé de sauces divines...

Le porc du Québec, ce chéri de la grande cuisine, est maintenant tout à vous... et à ceux que vous aimez!

Jacynthe Beauregard
Directrice
Service de publicité et de promotion

Le Porc du Québec

Redécouvrez les plaisirs cochons!

On t'aime galantine, boudin, pâté, rillettes. On t'adore jambon, rôti ou sublime méchoui. On te vénère braisé, grillé ou poêlé. Tu séduis le palais sans alourdir l'esprit! Lardons, chairs ou rognons, de ta masse dodue, on tire de vrais trésors, car en toi tout est bon, délectable cochon!

Tout comme moi, vous n'attendiez que l'occasion rêvée de croquer le cochon? À la bonne heure! Voici le livre tout indiqué. Dans des recettes simples et savoureuses, j'ai voulu démontrer que le porc du Québec, que j'aime particulièrement, est une viande aux vertus multiples, trop longtemps méconnues.

Autrefois nourri des déchets de la ferme, le porc quittait son trou boueux pour finir au saloir, comme seule viande d'hiver. Mais, heureusement, autres temps, autres mœurs, cet animal s'est refait une beauté… et une santé. Grâce à une hygiène stricte et à une alimentation équilibrée, sa chair, maintenant parfaitement saine et maigre, est exempte de parasites. Cela nous permet donc de réduire les temps de cuisson et nous autorise à de bien tendres fantaisies.

Que vous le proposiez en amuse-gueule, en soupe, en entrée, en salade ou en plat de résistance, vous verrez à quel point le porc possède une chair intéressante à cuisiner. Toujours surprenante et d'une finesse de goût remarquable, la viande de porc, pour peu que l'on sache l'apprêter, demeure un véritable plaisir.

Je suis donc particulièrement fier de vous présenter cet ouvrage et je souhaite que vous ayez autant de plaisir que moi à découvrir ces recettes, ces petits trucs et ces tours de main, grâce auxquels le porc du Québec, symbole de fête et de ripailles, sera toujours à la hauteur: tout simplement cochon!

À votre santé et à votre bon plaisir!

Philippe Mollé

Harmonisez vins et cochon

Marier vin et cochon était un défi de taille: il fallait suggérer, autour d'une seule viande, des vins, aussi divers les uns que les autres, en fonction du budget de chacun, tout en respectant certaines règles de base. Tout cela, je dois l'avouer, aurait été bien difficile, sans la cuisine rafraîchissante de Philippe Mollé. Ses recettes, riches d'heureuses combinaisons de saveurs, nous entraînent vers des accords judicieux.

Aussi, ne faut-il pas hésiter à sauter au-delà du sempiternel «viandes blanches, vins blancs» et à se servir des matières premières pour créer les harmonies les plus délectables. En règle générale, le vin blanc se servira avec les recettes de porc en sauce, tandis que les rosés accompagneront bien la viande grillée. Avec les viandes blanches poêlées, sautées et rôties, le vin rouge sera de mise, dans la mesure où il sera assez léger, souple et servi plutôt frais. Si la préparation est à la crème, elle s'accommodera mieux d'un vin plus souple, mais non dépourvu d'acidité, afin de contrecarrer les effets doucereux de la crème.

Lorsque la préparation le demande (sauce à la moutarde ou au genièvre, par exemple) ou que le désir de prendre un vin rouge plus structuré, corsé et généreux est plus fort que la raison, il sera pertinent de servir un vin plus âgé (de 5 à 10 ans), en début d'évolution, afin d'aller chercher une couleur moins intense, des tanins assouplis, une acidité atténuée et une rondeur qui rendront le vin plus attrayant.

Comme je considère qu'il est primordial de respecter les températures de service du vin, j'ai tenu à donner cette précision la plupart du temps.

Amateurs de bonnes bouteilles et œnophiles gourmands, à vous et à vos invités, je vous souhaite des accords cochons!

Jacques Orhon

La petite histoire du cochon

L'histoire de l'évolution du porc au Québec est passionnante à tout point de vue et touchera certainement votre âme de fin gourmet. De plus, elle permet de défaire une fois pour toutes certains préjugés ayant la couenne aussi dure que certaines semelles de botte.

Cette évolution est le fruit du croisement de plusieurs races porcines. Certaines races ayant une plus grande masse musculaire et d'autres possédant une plus grande résistance aux maladies, les chercheurs mirent des années à trouver le métissage parfait: un animal robuste, fait de plus de muscles que de gras et pourtant tendrement savoureux à la dégustation.

D'autres facteurs jouèrent un rôle déterminant pour l'obtention d'une meilleure qualité de viande: élevage en bâtiments fermés, amélioration de la salubrité dans les porcheries, modification de l'alimentation (principalement les grains de maïs et le tourteau de soja), contrôles vétérinaires réguliers et meilleur suivi de la part de tous les échelons d'inspection gouvernementaux et municipaux qui doivent rendre compte de la qualité des aliments.

Comme les méthodes d'élevage du porc ont changé et que sa constitution est grandement améliorée, il devient évident que nous devons aussi changer nos anciennes méthodes de cuisson. Le parasite nommé «trichine» ayant disparu de nos élevages depuis 1983, il est donc devenu tout à fait superflu de cuire notre porc de manière à pouvoir ressemeler nos bottes!

Si, malgré tout, vous sourcillez lorsque vous entendez parler de cuisson rosée pour la viande de porc (environ 70°C (160°F) au thermomètre à viande), sachez que la trichine est totalement détruite quand la température interne de la viande atteint les 60°C (140°F) ou encore par la surgélation, procédé qui consiste à congeler très rapidement les aliments et qui se fait en industrie et non à la maison. Mais tout ceci est bien technique et risquerait de vous faire perdre de vue les vertus multiples de la viande de porc, car ses qualités premières restent inchangées: finesse des saveurs et des textures ainsi que tendreté de la chair. Mais saviez-vous que cette chair délicate renferme des protéines, des vitamines et des minéraux essentiels à un régime équilibré? Entre autres, il est bon de souligner que la viande de porc est celle qui contient le plus de thiamine et que son foie renferme deux fois plus de fer que celui du bœuf. Bref, c'est une viande gastronomique, saine et nutritive.

À vous d'en découvrir maintenant toute l'incomparable saveur!

Un cochon qui saura vous mettre l'eau à la bouche

Voici les principales coupes de viande de porc que vous pouvez obtenir chez votre boucher. Si vous ne trouvez pas celle que vous désirez, vous n'avez qu'à la lui demander. Les coupes que nous vous présentons ici ont été regroupées dans les différentes parties du porc.

Une liste qui nous met l'eau à la bouche.

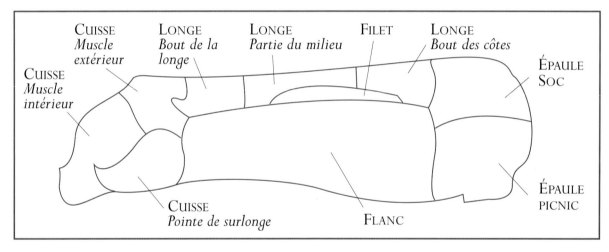

CUISSE	LONGE	ÉPAULE
Tranche attendrie	Tournedos de longe	Soc
Escalope intérieur de ronde	Côtelette farcie	Picnic
Rôti extérieur de ronde	Rôti	
Rôti de pointe (noix)	Fondue chinoise	**FLANC (POITRINE)**
Paupiette	Côtelette désossée	Bacon
Languettes chinoises	Côte levée	Poitrine farcie
Cubes à ragoût et à brochettes	Côtelette ordinaire	Graillons
Tournedos d'été	Carré de longe	Côtes levées
Porc 90 % maigre		

Un tableau détaillé apparaît en annexe.

Tableau de cuisson

Type de coupe	Cuisson, force du feu et degré suggérés
LANGUETTES (sauter)	Griller ou poêler 2 à 3 minutes, à feu moyen.
ESCALOPE (sauter)	Griller ou poêler 2 à 3 minutes, à feu moyen.
PETITS CUBES À BROCHETTES (sauter)	Griller ou poêler 2 à 3 minutes, à feu moyen.
CUBES À BROCHETTES ORDINAIRES (sauter)	Griller ou poêler 5 à 6 minutes, à feu moyen et finir au four à 160°C (325°F) pendant 3 minutes. Cuisson rosée*.
TOURNEDOS DE 150 à 160 g (5 à 5½ OZ)	Griller ou poêler 2 minutes (de chaque côté), à feu moyen et à couvert, puis finir au four à 160°C (325°F) pendant 6 minutes. Cuisson rosée*.
FILET D'ENVIRON 300 g (10 OZ)	Griller ou poêler 3 minutes (de chaque côté), à feu moyen, et finir au four à 160°C (325°F) pendant 5 minutes. Cuisson rosée*.
CÔTELETTE ORDINAIRE de 2 cm (1 po) d'épaisseur	Griller ou poêler 3 minutes (de chaque côté), à feu moyen, et finir au four à 160°C (325°F) pendant 3 minutes.
CÔTELETTE PAPILLON de 1 cm (½ po) d'épaisseur	Poêler 2 minutes (de chaque côté), à feu moyen, et finir au four à 160°C (325°F) pendant 5 minutes. Cuisson rosée*.
RÔTI DE PORC DE 1,2 kg (2⅔ lb) (longe, pointe, extérieur)	Poêler 2 à 3 minutes pour la coloration, à feu moyen, et finir au four à 160°C (325°F) pendant 75 minutes. Cuisson rosée*.
PORC HACHÉ (galette de 160 g (5½ oz)	Griller ou poêler 5 à 6 minutes (de chaque côté), à feu moyen, et finir au four à 150°C (300°F) pendant 3 minutes ou sur la tablette du barbecue. Bien cuire.
PORC HACHÉ (pour sauce ou farce)	Griller ou poêler 30 à 35 minutes minimum, à feu moyen, et cuire lentement. Bien cuire.
FESSE ENTIÈRE, DÉSOSSÉE 3,5 à 4 kg (7¾ à 9 lb)	Poêler 3 à 5 minutes (de chaque côté), à feu moyen, et finir au four à 160°C (325°F) pendant 120 minutes. Cuisson rosée*.
ÉPAULE DE 2 kg (env. 4½ lb)	Au four ou à la broche, à 160°C (325°F), pendant 105 à 120 minutes.
CÔTES LEVÉES	Faire bouillir 45 minutes dans l'eau, à feu moyen, et finir en leur ajoutant une marinade, au four, ou griller à feu moyen, 3 à 4 minutes.

*Environ 70°C (160°F) au thermomètre à viande.

Plats froids
Cœur chaud!

Passent et repassent en savants échafauds, en croûte, en pâté

Les mignons amuse-gueule, les élégants canapés,

Les roses tendres de Maître queux, dit le tirebouchonné,

Sont aussi beaux à voir que bons à manger.

Carré de porc, tranché

ou côtelettes

CROQUE-NOTE

Conservez vos côtelettes déjà cuites dans un sac hermétique ou enveloppez-les d'une feuille de papier film.

Côtelettes de carré aux tomates poêlées, tièdes

POUR 4 PERSONNES

4 côtelettes cuites de carré de longe, d'environ 180 g (6 oz) chacune
4 feuilles de laitue
60 ml (4 c. à soupe) d'huile d'olive
4 tomates en quartiers
30 ml (2 c. à soupe) de gingembre haché très fin
30 ml (2 c. à soupe) de basilic
1 pointe d'ail, sans le germe, hachée finement
15 ml (1 c. à soupe) de vinaigre balsamique
sel et poivre au goût

Disposer les côtelettes de porc sur les feuilles de laitue. Chauffer les trois quarts de l'huile d'olive dans une poêle et y faire sauter les tomates 1 minute. Les retirer aussitôt et les disposer dans un saladier. Ajouter le gingembre, le basilic, l'ail ainsi que l'huile d'olive qui reste. Verser le vinaigre balsamique, saler et poivrer. Déposer les côtelettes, les tomates et le jus dans une assiette ou un plat de service. Servir aussitôt.

Mini-sandwich sur ficelle au fromage

POUR 4 PERSONNES

1 ficelle* au fromage
30 ml (2 c. à soupe) de moutarde
30 ml (2 c. à soupe) de crème sure
30 ml (2 c. à soupe) de ciboulette hachée
1 tomate en tranches
2 feuilles de laitue
poivre du moulin au goût
4 tranches minces de rôti de porc froid (voir recettes p. 169, 215 et 224)
morceaux de poivron jaune (facultatif)

Couper la ficelle en huit tronçons, puis ouvrir chaque tronçon en deux pour le tartiner. Mélanger la moutarde, la crème sure et la ciboulette. Tartiner la ficelle sur les deux faces internes. Ajouter une tranche de tomate, puis la laitue ciselée en chiffonnade. Ajouter un peu de poivre. Découper les tranches de rôti en deux. Insérer les tranches dans la ficelle et refermer.

La ficelle est une petite baguette de pain qui peut être faite avec du fromage gruyère.

Rôti de pointe de surlonge, désossé (noix)*

CROQUE-NOTE

Pour donner un peu de couleur aux sandwiches, ajouter des petits morceaux de poivron jaune à l'intérieur et laissez-les dépasser sur les côtés.

Ou rôti d'extérieur de ronde, désossé.

Rôti de pointe
de surlonge, désossé (noix)*

CROQUE-NOTE

Le lait de coco frais s'obtient en pressant la pulpe du coco, mais on peut aussi l'acheter surgelé ou en conserve dans les magasins de produits orientaux.

* Ou rôti d'extérieur de ronde, désossé ou épaule.

Petites tranches de rôti froid, vinaigrette coco

POUR 4 PERSONNES

1 jaune d'œuf
30 ml (2 c. à soupe) de moutarde de Dijon
30 ml (2 c. à soupe) d'huile d'olive
15 ml (1 c. à soupe) de jus de lime
60 ml (4 c. à soupe) de lait de coco frais, surgelé ou en conserve
sel et poivre au goût
½ poivron rouge, taillé en petits dés
2 tiges d'oignon vert, hachées

Garniture
2 noix de coco
1 mangue taillée en julienne
4 tiges d'oignon vert
8 tranches de rôti déjà cuit, pris dans la pointe
(voir recettes p. 169, 215 et 224)
1 lime ou citron vert, coupé en quartiers

Fouetter le jaune d'œuf avec la moutarde. Ajouter progressivement l'huile d'olive ainsi que le jus de lime, puis compléter avec le lait de coco. Saler et poivrer. Ajouter les dés de poivron rouge et les tiges d'oignon vert.

Garniture
Ouvrir les noix de coco en deux, puis garnir chaque moitié de mangue et des tiges d'oignon vert. Placer tout autour les tranches de rôti, puis napper de vinaigrette. Décorer ensuite avec les quartiers de lime et servir bien frais.

Pieds de porc à la vinaigrette épicée

POUR 4 PERSONNES

1 oignon
1 carotte
2 branches de thym
2 feuilles de laurier
1 branche de céleri
3 ou 4 clous de girofle
4 baies de genièvre
5 litres (20 tasses) d'eau
sel et poivre au goût
1 gousse d'ail, sans le germe, écrasée
4 pattes de porc entières
(pied avec ergot)

Vinaigrette
1 jaune d'œuf
45 ml (3 c. à soupe) de moutarde forte
½ gousse d'ail, sans le germe,
hachée très finement
1 échalote française, hachée finement
15 ml (1 c. à soupe) de persil frais,
haché
15 ml (1 c. à soupe) de coriandre
fraîche, hachée
30 ml (2 c. à soupe) de vinaigre
balsamique
75 ml (5 c. à soupe) d'huile d'olive
sel et poivre au goût

Pieds

CROQUE-NOTE

Les pieds de porc sont très populaires dans certaines parties du globe et moins ailleurs. Utilisez les pieds de porc pour faire des bouillons. Ils sont excellents dans cette préparation, car ils sont très riches en gélatine.

Éplucher l'oignon et la carotte, puis les couper en morceaux. Les disposer dans un chaudron. Ajouter le thym, les feuilles de laurier, la branche de céleri, les clous de girofle, les baies de genièvre et l'eau. Saler, poivrer et ajouter la gousse d'ail. Bien laver les pieds de porc et les disposer à l'intérieur du chaudron. Faire cuire les pieds de porc pendant deux heures et demie à trois heures. Rajouter de l'eau en cours de cuisson, afin que les pieds soient toujours recouverts. Les faire refroidir et les couper en deux, dans le sens de la longueur.

Vinaigrette
Mélanger le jaune d'œuf et la moutarde forte. Ajouter l'ail haché, l'échalote, le persil et la coriandre. Ajouter ensuite le vinaigre balsamique et l'huile d'olive. Saler et poivrer au goût. Détendre la vinaigrette avec 30 ml (2 c. à soupe) d'eau, si nécessaire.

Disposer les pieds de porc dans un plat de service. Verser la vinaigrette tout autour. Décorer de tranches d'oignons.

CROQUE-NOTE

Évitez de trop cuire les languettes, cela les durcirait. Vous pouvez aussi les griller sur le barbecue pendant 3 à 4 minutes.

Salade de languettes de porc au chou-fleur et aux légumes

POUR 4 PERSONNES

45 ml (3 c. à soupe) d'huile d'olive
225 g (½ lb) de languettes de porc
1 chou-fleur en bouquet, déjà blanchi
1 poivron jaune, émincé
sel et poivre au goût
1 gousse d'ail, sans le germe, hachée finement
125 ml (½ tasse) de vin blanc sec
30 ml (2 c. à soupe) de vinaigre balsamique
30 ml (2 c. à soupe) de persil frais, haché
2 tomates en tranches
5 ml (1 c. à thé) de safran, de spigol ou de paprika

Chauffer l'huile d'olive et y faire revenir les languettes coupées en deux dans le sens de la largeur, pendant 2 à 3 minutes. Ajouter le chou-fleur, le poivron et cuire encore pendant 2 minutes. Saler, poivrer et ajouter l'ail. Mouiller de vin blanc et laisser cuire à couvert pendant 3 minutes. Retirer du feu et laisser refroidir. Ajouter le vinaigre balsamique et le persil. Bien remuer et ajouter les tranches de tomate tout autour. Parsemer de safran ou, à défaut, de spigol ou de paprika, pour ajouter une touche de couleur. Garder au frais avant de servir.

Le spigol est un succédané du safran et il coûte moins cher que celui-ci. On le trouve dans les épiceries et les magasins exotiques.

Salade de lentilles aux légumes et aux languettes

POUR 4 PERSONNES

250 ml (1 tasse) de lentilles vertes
450 g (1 lb) de languettes de porc
30 ml (2 c. à soupe) de sauce soja
45 ml (3 c. à soupe) d'huile végétale
8 pâtissons ou petites courgettes
1 oignon blanc, haché
1 gousse d'ail, sans le germe, hachée très finement
60 ml (4 c. à soupe) d'huile d'olive
45 ml (3 c. à soupe) de coriandre fraîche, hachée
sel et poivre au goût
4 feuilles de laitue rouge
250 ml (1 tasse) de haricots verts, équeutés et nettoyés

Cuire les lentilles à l'eau salée, 30 à 45 minutes, à feu moyen. Faire mariner les languettes de porc 30 minutes avec la sauce soja et l'huile végétale. Faire sauter les languettes et les pâtissons à la poêle, de 4 à 5 minutes. Les retirer et les laisser refroidir. Bien rafraîchir les lentilles à l'eau froide lorsqu'elles sont cuites.

Dans un grand bol, mettre les lentilles égouttées, l'oignon, l'ail, l'huile d'olive, la coriandre, le sel et le poivre sur les feuilles de laitue rouge. Bien remuer, puis ajouter les languettes et les haricots verts.

Languettes

CROQUE-NOTE

On peut faire tremper les lentilles au préalable, une heure à une heure et demie, dans l'eau froide.

Les lentilles et le porc sont d'excellentes sources de fer.

CROQUE-NOTE

*Quand vous servez du porc
aux enfants ou quand vous
faites des sandwiches,
il est préférable de couper
le rôti en tranches fines.*

Sandwich froid après l'école

POUR 2 PERSONNES

**2 pains kaiser
30 ml (2 c. à soupe) de mayonnaise
15 ml (1 c. à soupe) de cornichons hachés
15 ml (1 c. à soupe) de moutarde forte
2 feuilles de laitue
2 tranches de fromage gruyère
4 tranches de rôti de porc cuit (voir recettes p. 169, 215 et 224)
1 tomate en tranches fines
courgettes (zucchinis) grillées (facultatif)
sel et poivre au goût**

Ouvrir le pain en deux. Mélanger la mayonnaise avec les cornichons et la moutarde. Tartiner copieusement la surface du pain, puis ajouter la laitue, le fromage, le porc et la tomate. Ajouter les courgettes, si désiré. Saler et poivrer légèrement, puis servir.

* *Ou carré.*

Semoule aux boulettes épicées

POUR 6 PERSONNES

450 g (1 lb) de porc haché, maigre
45 ml (3 c. à soupe) de coriandre fraîche, hachée
5 ml (1 c. à thé) de sauce Worcestershire
30 ml (2 c. à soupe) de ketchup ou de sauce chili
1 œuf
30 ml (2 c. à soupe) de raisins secs, hachés
1 gousse d'ail, sans le germe, hachée
sel et poivre au goût
30 ml (2 c. à soupe) d'huile d'olive
250 ml (1 tasse) de semoule couscous ou bulghur
500 ml (2 tasses) d'eau
45 ml (3 c. à soupe) de beurre
18 amandes entières

Mélanger le porc, la moitié de la coriandre, la sauce Worcestershire, le ketchup ou la sauce chili, l'œuf, les raisins hachés ainsi que la gousse d'ail. Saler et poivrer. Confectionner des boulettes de la grosseur d'une grosse noix. Chauffer l'huile d'olive et y faire revenir les boulettes, 2 à 3 minutes. Réserver. Disposer la semoule ou le bulghur dans un plat à four, puis faire chauffer l'eau avec le beurre. Verser l'eau bouillante sur la semoule ou le bulghur, puis mettre au four à 140 à 150°C (175 à 300°F), pendant 15 minutes. Disposer sur le dessus les boulettes et les amandes entières. Laisser cuire ainsi 2 à 3 minutes, puis parsemer du reste de coriandre fraîche.

Porc haché

CROQUE-NOTE

Vous pouvez aussi ajouter à cette préparation des morceaux de fromage de type gruyère ou cheddar, ou mieux, essayez-la avec du fromage de chèvre.

VINS CONSEILLÉS

Des vins rouges plutôt corsés, assez tanniques et aux saveurs simples, mais présentes, tiendront tête aux boulettes de porc, riches en saveurs prononcées. Choisir entre un Cahors jeune aux accents rustiques, un Coteaux du Languedoc à la robe intense ou un Fitou digne de ce nom.

Faciles à préparer
Hop là!

Un par un vont les petits jambons

Deux par deux vont les petits pâtés

Trois par trois vont les petits lardons

Et moi, je vais tous les manger.

CROQUE-NOTE

On peut tout aussi bien faire mariner les cubes dans du vin ou dans un liquide aromatique. Il faut cependant bien les assécher avant de les cuire.

VINS CONSEILLÉS

Malgré la rondeur apportée par la sauce crémeuse, beaucoup de saveurs accompagnent ces brochettes qui ne demandent pas mieux que de se faire escorter par des vins rouges légers, servis frais (12 à 14°C): Valpolicella ou Bardolino (Vénétie), ou mieux encore des vins de Sancerre (Vallée de la Loire) et des vins d'Alsace (rouges tendres et fruités à base de Pinot noir).

Brochettes au romarin frais, sauce à la moutarde de Meaux

POUR 4 PERSONNES

450 g (1 lb) de cubes à brochettes
8 mini-courgettes
1 poivron rouge en gros dés
45 ml (3 c. à soupe) d'huile d'olive
sel et poivre au goût
15 ml (1 c. à soupe) de romarin frais

Sauce
125 ml (½ tasse) de crème épaisse (crème à 35 %)
½ gousse d'ail, sans le germe, hachée finement
1 tomate en lamelles
sel et poivre au goût
45 ml (3 c. à soupe) de moutarde de Meaux

Enfiler en alternance les cubes de porc, les courgettes et les poivrons sur des pics à brochettes. Badigeonner d'huile d'olive, puis faire griller sur le gril ou dans une poêle. Cuire 2 à 3 minutes de chaque côté, saler et poivrer. Cuire ensuite au barbecue ou directement au four pendant encore 3 à 4 minutes. Parsemer de romarin.

Sauce
Faire chauffer la crème avec l'ail et la tomate. Saler et poivrer. Cuire 2 à 3 minutes. Ajouter la moutarde, porter juste au point d'ébullition et servir à part.

Brochettes aux graines de sésame

POUR 4 PERSONNES

450 g (1 lb) de porc en cubes
30 ml (2 c. à soupe) d'huile végétale
45 ml (3 c. à soupe) de sauce soja
30 ml (2 c. à soupe) de miel
5 ml (1 c. à thé) d'ail haché, sans le germe
2 ml (½ c. à thé) de coriandre en poudre
2 ml (½ c. à thé) de sauce Tabasco
sel et poivre au goût
15 ml (1 c. à soupe) de persil frais, haché
30 ml (2 c. à soupe) de graines de sésame

Ouvrir les cubes de porc en deux, ou bien les aplatir, de façon à ce qu'ils aient 1,5 cm (¾ po) d'épaisseur, puis les enfiler sur un pic à brochette par groupe de trois. Préchauffer un gril à cuisson, badigeonner les brochettes d'huile végétale et les faire griller 2 à 3 minutes. Poursuivre la cuisson à feu très doux. Mélanger la sauce soja, le miel, l'ail, la coriandre, la sauce Tabasco, le sel, le poivre ainsi que le persil, puis badigeonner en cours de cuisson. À mi-cuisson, parsemer de graines de sésame, retourner les brochettes et finir de cuire pendant 3 à 4 minutes. Badigeonner de nouveau, couvrir et laisser reposer 2 à 3 minutes.

Cubes à brochettes

CROQUE-NOTE

Vous pouvez remplacer les graines de sésame par des arachides ou des noix de pacane, hachées.

VINS CONSEILLÉS

Avec ces brochettes, des rouges frais et désaltérants, qui possèdent une touche légèrement épicée, beaucoup de fruité et suffisamment de matière comme en ont les Costières de Nîmes et autres Coteaux du Tricastin (Sud-Est de la France), relèveront allègrement le défi.

Jambon

VINS CONSEILLÉS

Beaucoup de parfums, dans cette recette, qui ne demandent pas mieux que d'être mis en valeur par des vins rouges ou rosés, souples, mais de caractère prononcé. Minervois et Saint-Chinian (rouges du Languedoc), servis à 15°C, ou rosé d'Espagne (Penedes ou Rioja), bien frais.

Brochettes de jambon et saucisses parfumées au riz

POUR 4 PERSONNES

75 ml (5 c. à soupe) de sirop d'érable

30 ml (2 c. à soupe) de sauce soja

2 ml (½ c. à thé) de coriandre en poudre

450 g (1 lb) de cubes de jambon précuit (de préférence: fesse de jambon)

4 saucisses de porc

2 pêches ou abricots, en morceaux

1 poivron vert, en cubes ou en morceaux

250 ml (1 tasse) de riz blanc

1 oignon haché

½ poivron jaune, taillé en julienne

1 tomate, taillée en julienne

750 ml (3 tasses) de bouillon de volaille

2 ml (½ c. à thé) de paprika jaune, doux

sel et poivre au goût

Mélanger le sirop d'érable, la sauce soja et la coriandre, puis y laisser mariner les cubes de jambon pendant 30 minutes. Piquer les saucisses à l'aide d'un cure-dent et les blanchir pendant 2 à 3 minutes. Disposer les saucisses sur une plaque à four, ou sur le gril, et les cuire très doucement, à 120 à 140°C (250 à 275°F), pendant 15 minutes. Enfiler en alternance les cubes, les morceaux de pêche ou d'abricot et les morceaux de poivron vert, puis faire griller les brochettes, à 110°C (225°F) et à couvert, 4 à 5 minutes. Badigeonner souvent de marinade.

Dans une casserole, mettre le riz, l'oignon, le poivron jaune, la tomate, le bouillon et le paprika. Laisser cuire, à couvert, 20 à 25 minutes. Retirer le couvercle, disposer les brochettes sur le dessus et laisser cuire encore 4 à 5 minutes. Saler et poivrer, si nécessaire. On peut ajouter les saucisses en même temps pour les réchauffer et servir le tout dans une terrine ou dans un plat de céramique.

Côtelettes de longe de porc, braisées aux flageolets verts

POUR 2 PERSONNES

45 ml (3 c. à soupe) de beurre doux
2 côtelettes de longe de porc de 5 cm (2 po) d'épaisseur
2 oignons émincés
1 bière
sel et poivre
45 ml (3 c. à soupe) de fond de veau lié
400 ml (13½ oz) de flageolets verts, cuits
½ gousse d'ail, sans le germe, hachée très finement
poivre noir, concassé, au goût

Faire fondre le beurre dans une poêle, puis y faire revenir les côtelettes de porc 1 à 2 minutes, de chaque côté. Retirer les côtelettes et réserver. Dans la même poêle, faire sauter les oignons, 3 à 4 minutes, jusqu'à coloration. Mettre les oignons dans un plat à four et y déposer les côtelettes. Mouiller de bière, saler, poivrer et cuire au four à 160°C (325°F), 5 à 7 minutes. Retirer les côtelettes et les garder au chaud dans du papier d'aluminium. Déglacer le plat de cuisson avec le fond de veau lié. Laisser bien épaissir, à feu doux, en remuant constamment. Passer la sauce au tamis. Rincer les flageolets à l'eau courante. Réchauffer les flageolets dans le plat de cuisson avec l'ail et le poivre noir, concassé, 3 à 4 minutes, à feu doux. Dresser les flageolets sur un plat de service ou dans chaque assiette. Ouvrir les côtelettes en deux, en forme de papillon, et les disposer sur les flageolets. Napper de sauce.

Carré de porc, tranché
ou côtelettes

CROQUE-NOTE

Pour obtenir un meilleur résultat, ne pas saisir les côtelettes trop rapidement, afin d'éviter la formation d'une croûte sur le dessus.

VINS CONSEILLÉS

Cette savoureuse préparation sera mise en valeur par un vin blanc sec et souple, aux saveurs simples, mais offrant une bonne acidité. Chardonnay du Chili, légèrement boisé, Soave Classico (Vénétie) ou Pinot blanc d'Alsace seront délicieux, servis entre 8 et 10°C.

Carré de porc, tranché

ou côtelettes

CROQUE-NOTE

Vous pouvez trouver les pâtissons, de la famille des courges ou courgettes, l'été et l'automne, dans les marchés ou dans les épiceries. Si vous ne trouvez pas de pâtissons, vous pouvez les remplacer par des courgettes.

VINS CONSEILLÉS

Mariage de couleur avec un vin rosé sec, tout en fruit, mais assez soutenu pour souligner les saveurs méditerranéennes du plat. Rioja rosé (Espagne), Corbières rosé (Languedoc) ou mieux encore, un Tavel (Vallée du Rhône). Servir très frais (8°C).

Côtelettes grillées aux olives

POUR 4 PERSONNES

45 ml (3 c. à soupe) d'huile végétale
2 échalotes sèches, hachées finement
1 tomate en dés très fins
1 poivron rouge en lanières
sel et poivre au goût
125 ml (½ tasse) de vin blanc sec
75 ml (5 c. à soupe) de bouillon de bœuf
125 ml (½ tasse) d'olives mélangées, vertes et noires
30 ml (2 c. à soupe) de ciboulette hachée
huile en quantité suffisante pour badigeonner les côtelettes
4 côtelettes de 4 cm (1½ po) d'épaisseur

Garniture
250 ml (1 tasse) de pâtissons, de courgettes (zucchinis) ou de courges
fines herbes de votre choix, au goût

Dans une poêle, faire chauffer l'huile végétale et y faire revenir, sans coloration, les échalotes, la tomate et le poivron pendant 2 à 3 minutes. Saler et poivrer légèrement. Verser le vin blanc et faire réduire aux trois quarts. Ajouter le bouillon. À l'eau bouillante, blanchir les olives pendant 1 à 2 minutes, pour les dessaler. Les ajouter à la sauce. Faire cuire 2 à 3 minutes. Ajouter ensuite la ciboulette et réserver. Badigeonner légèrement les côtelettes d'huile, les saler et les poivrer, puis les faire griller à la poêle, 2 à 3 minutes de chaque côté. Mettre ensuite les côtelettes au four à 160°C (325°F), pendant 3 minutes.

Garniture

Retirer la pointe des pâtissons, des courgettes ou des courges, puis les faire sauter à la poêle, avec les fines herbes, 2 à 3 minutes.

Masquer le fond des assiettes avec la sauce, les olives et la garniture, puis y disposer la côtelette de porc.

Galettes de porc haché au thym et aux noix

POUR 4 PERSONNES

75 ml (5 c. à soupe) de noix mélangées, non salées
2 ml (½ c. à thé) de thym frais
1 oignon émincé
1 œuf
45 ml (3 c. à soupe) de sauce chili
15 ml (1 c. à soupe) de sauce Worcestershire
450 g (1 lb) de porc haché, maigre
125 ml (½ tasse) de champignons émincés, cuits
sel et poivre au goût
45 ml (3 c. à soupe) d'huile végétale

Garniture
30 ml (2 c. à soupe) d'huile végétale
4 pommes de terre, coupées en tranches
1 chou-fleur blanchi
fines herbes ou herbes séchées au goût (facultatif)

Mélanger les noix, le thym, l'oignon, l'œuf, la sauce chili et la sauce Worcestershire. Ajouter progressivement le porc haché et les champignons. Saler et poivrer. Confectionner des galettes et les cuire à l'huile, dans une poêle en téflon, 4 à 5 minutes de chaque côté. Mettre ensuite les galettes au four, 4 à 5 minutes, à 180°C (350°F).

Garniture
Chauffer l'huile dans une poêle, puis y faire sauter les pommes de terre et le chou-fleur déjà blanchi, 4 à 5 minutes. Ajouter des fines herbes ou des herbes séchées au goût, si désiré. Servir les galettes avec l'accompagnement de votre choix, dans un plat ou une assiette. Ces galettes peuvent être servies nature, ou encore avec une sauce à la moutarde ou aux tomates.

Porc haché

CROQUE-NOTE

On peut aussi se servir d'autres herbes aromatiques comme l'origan ou la sauge.

VINS CONSEILLÉS

Des vins rosés simples et sans prétention accompagneront ces galettes de porc relevées par la sauce chili. Rosés d'Italie, d'Espagne ou du Sud de la France, secs et vifs, légèrement mordants en bouche seront servis bien frais.

Languettes

Croque-Note

Le cari est un mélange d'épices. Il en existe de différentes couleurs, du vert au rouge.

Vins conseillés

Pas toujours facile de trouver le vin qui accompagne les oignons! Comme en Alsace avec une bonne tarte à l'oignon, le Sylvaner (servi bien frais) aux saveurs simples et fruitées permettra une harmonie de bon aloi.

Gratin de languettes de porc aux oignons

POUR 4 PERSONNES

450 g (1 lb) de languettes de porc
2 oignons émincés
1 gousse d'ail, sans le germe, hachée
175 ml (¾ tasse) de vin blanc sec
30 ml (2 c. à soupe) de paprika doux
15 ml (1 c. à soupe) de cari jaune
2 ml (½ c. à thé) de gingembre moulu
1 ml (¼ c. à thé) de cannelle moulue
sel et poivre au goût
15 ml (1 c. à soupe) de coriandre ou de persil, haché

Mélanger les languettes avec tous les ingrédients, sauf la coriandre ou le persil. Saler, poivrer et laisser mariner 20 à 30 minutes, au réfrigérateur. Remplir des petits plats à gratin de ce mélange. Cuire au four à 150°C (300°F), pendant 30 minutes. Monter la température du four à 180 à 190°C (350 à 375°F) et faire gratiner environ 3 à 4 minutes. Retirer du four, laisser reposer pendant 2 minutes et parsemer de coriandre ou, à défaut, de persil.

Languettes de porc aux bettes à cardes

POUR 4 PERSONNES

1 paquet de bettes à cardes
45 ml (3 c. à soupe) d'huile végétale
450 g (1 lb) de languettes de porc
45 ml (3 c. à soupe) de sauce tamari
15 ml (1 c. à soupe) de gingembre râpé
125 ml (½ tasse) de bouillon de bœuf
sel et poivre au goût
6 feuilles de basilic, hachées au goût (facultatif)

Retirer les feuilles des bettes et les ciseler grossièrement. Couper les côtes de bettes en tronçons de 5 cm (2 po). Dans une poêle, faire chauffer l'huile végétale et y faire revenir les languettes, 2 à 3 minutes, puis réserver. À l'eau bouillante salée, blanchir les côtes de bette, puis les égoutter. Les ajouter aux languettes. Verser la sauce tamari, le gingembre, le bouillon de bœuf, saler et poivrer. Ajouter les feuilles de bette ciselées et cuire, à couvert, 2 à 3 minutes. Si désiré, ajouter des feuilles de basilic, hachées. Servir.

On peut aussi faire cette recette avec du céleri.

CROQUE-NOTE

Vous pouvez apprêter la bette à carde, légume peu connu, comme le céleri. Ce légume peut se manger braisé ou cuit à la vapeur.

VINS CONSEILLÉS

Des vins blancs simples pour cette recette simple constitueront le meilleur choix, d'autant que le vin s'harmonise difficilement avec les cardes ou le céleri (c'est selon...). Orvieto (Ombrie), Côtes de Duras (Sud-Ouest) et autres Picpoul de Pinet (Coteaux du Languedoc) seront servis bien frais (8°C).

CROQUE-NOTE

La mozzarella est un fromage de vache qui, lorsque non affiné, porte le nom de bocconcini.

VINS CONSEILLÉS

Clin d'œil à l'Italie avec cette lasagne qui ne demande qu'à se faire accompagner de vins rouges savoureux, tout en rondeur et riches en fruits. Petit tour de botte avec les Sangiovese di Romagna (Émilie-Romagne), Rosso di Montalcino (Toscane), Torgiano rosso (Ombrie), Rosso del Conte (Sicile) ou Breganze (Vénétie). Servir entre 16 et 18°C.

Lasagne au porc haché et à la mozzarella

POUR 6 PERSONNES

45 ml (3 c. à soupe) d'huile d'olive
1 oignon haché
450 g (1 lb) de porc haché, maigre
5 ml (1 c. à thé) d'origan
2 gousses d'ail, sans le germe, hachées
15 ml (1 c. à soupe) de basilic
60 ml (4 c. à soupe) de sauce chili
sel et poivre au goût
1 paquet de pâte à lasagne ondulée de 500 g (env. 1 lb)
30 ml (2 c. à soupe) de beurre
250 ml (1 tasse) de sauce béchamel
250 ml (1 tasse) de sauce tomate
6 tranches de mozzarella

Faire chauffer l'huile d'olive dans une poêle et y faire revenir l'oignon, 3 à 4 minutes. Ajouter le porc haché, l'origan, l'ail, le basilic et cuire ensemble 5 à 6 minutes. Verser la sauce chili, bien remuer, saler, poivrer et cuire 3 à 4 minutes, à couvert. Faire refroidir le mélange de farce.

Blanchir les lasagnes à l'eau salée. Beurrer un plat à gratin. Étaler une couche de lasagne, une de sauce béchamel, une de farce et une de sauce tomate, puis recommencer pour terminer par une couche de lasagne. Ajouter le fromage sur le dessus, puis gratiner au four, 30 à 35 minutes, à 150°C (300°F).

On peut acheter des lasagnes précuites qui n'ont pas besoin d'être blanchies. Il est donc possible de les utiliser telles quelles.

Panaché de pâtes aux champignons et aux languettes

POUR 4 PERSONNES

45 ml (3 c. à soupe) de beurre
450 g (1 lb) de languettes de porc
1 casseau de champignons en quartiers
sel et poivre au goût
1 litre (4 tasses) de bouillon de bœuf
250 ml (1 tasse) d'eau
225 g (½ lb) de pâtes alimentaires (manicotti, tortellini, coquilles, etc.)
2 ml (½ c. à thé) de muscade
1 gousse d'ail, sans le germe, hachée
60 ml (4 c. à soupe) de crème épaisse (crème à 35 %)
45 ml (3 c. à soupe) de parmesan râpé
30 ml (2 c. à soupe) de persil frais, haché
2 ml (½ c. à thé) de paprika

Faire fondre le beurre dans une casserole, y faire revenir les languettes et les champignons, 2 à 3 minutes, juste pour leur faire prendre une belle coloration. Saler et poivrer. Mouiller de bouillon de bœuf, puis d'eau, porter à ébullition et ajouter les pâtes. Ajouter la muscade, l'ail et bien remuer le tout. Cuire 15 à 20 minutes, tout en remuant. Ajouter la crème et le parmesan, 2 à 3 minutes avant la fin de la cuisson. Parsemer ensuite de persil et de paprika.

Les pâtes cuisent dans le bouillon.

Languettes

CROQUE-NOTE

On découpe habituellement les languettes dans la cuisse ou dans la longe.

VINS CONSEILLÉS

Voici une préparation moelleuse qui saura plaire aux amateurs de cuisine à l'italienne.
Aussi, pourra-t-on choisir un savoureux et délicat Franciacorta bianco (Lombardie) ou un excellent Vino da Tavola du Piémont ou de Toscane, à base de Chardonnay. Servir à 10°C.

Pâté de porc au jus

POUR 6 PERSONNES

450 g (1 lb) de porc haché
45 ml (3 c. à soupe) d'oignon émincé
30 ml (2 c. à soupe) de persil frais, haché
2 gousses d'ail, sans le germe, hachées
1 boîte de tomates de 796 ml (28 oz), avec le jus
2 œufs entiers
2 ml (½ c. à thé) de muscade
2 ml (½ c. à thé) de clou de girofle
15 ml (1 c. à soupe) de gingembre frais, râpé
sel et poivre au goût
4 feuilles de chou vert

Dans un grand récipient, mélanger le porc haché, l'oignon, le persil, l'ail, les tomates écrasées avec le jus, les œufs, la muscade, le clou de girofle et le gingembre pour en faire une farce bien homogène. Saler et poivrer. Blanchir les feuilles de chou à l'eau bouillante salée pendant 1 minute. Refroidir. Garnir la terrine de farce et la couvrir de feuilles de chou blanchies. Cuire le pâté au bain-marie pendant environ une heure et quart à une heure et demie à 160°C (325°F). Laisser tiédir avant de consommer. Ce pâté peut être servi avec des pommes de terre, une jardinière de légumes ou un riz.

Pâté de viande aux pommes et à la citrouille

POUR 6 À 8 PERSONNES

450 g (1 lb) de morceaux de porc dans l'épaule
1 oignon coupé en morceaux
4 pommes fraîches, sans le cœur ni la pelure
45 ml (3 c. à soupe) de persil
1 gousse d'ail, sans le germe
125 ml (½ tasse) de citrouille
2 œufs
45 ml (3 c. à soupe) de gin
2 ml (½ c. à thé) de clou de girofle
2 ml (½ c. à thé) de cannelle moulue
2 ml (½ c. à thé) de muscade
sel et poivre au goût

Passer au robot ou au hache-viande le porc en cubes, l'oignon, les pommes, le persil, l'ail et la citrouille. Mélanger cette purée avec les œufs, le gin et les épices. Garnir une terrine du mélange. Saler et poivrer. Cuire au bain-marie pendant une heure à une heure et demie, à 180°C (350°F). Retirer et laisser tiédir.

Servir avec une sauce aux pommes, à la citrouille ou aux tomates, rehaussée de céleri.

Il est important de laisser des morceaux apparents, donc de ne pas hacher la viande comme de la viande hachée.

Morceaux dans l'épaule

CROQUE-NOTE

Pour obtenir un pâté plus onctueux, on peut utiliser la bajoue ou le flanc qui sont des parties moins sèches que les morceaux dans l'épaule.

VINS CONSEILLÉS

Après avoir pris un vin blanc sec et fringant en guise d'apéritif, il serait approprié de continuer avec le même vin pour accompagner le pâté de viande. Au choix, Muscadet de Sèvre et Maine (Vallée de la Loire), Entre-deux-Mers (Bordelais) ou Bourgogne Aligoté.

porc haché

CROQUE-NOTE

*À défaut de vinaigre
balsamique, on peut utiliser
un vinaigre de vin vieux ou
un vinaigre de fruits.*

Pommes de terre au porc et au cheddar

POUR 4 PERSONNES

4 grosses pommes de terre
45 ml (3 c. à soupe) d'huile végétale
1 oignon haché
225 g (½ lb) de porc haché, maigre
sel et poivre au goût
8 tranches de cheddar
5 ml (1 c. à thé) de paprika

Sauce
1 avocat en dés
1 échalote sèche, hachée
1 tomate en dés
60 ml (4 c. à soupe) d'huile d'olive
30 ml (2 c. à soupe) de coriandre fraîche, hachée
15 ml (1 c. à soupe) de vinaigre balsamique
15 ml (1 c. à soupe) de jus de lime
sel et poivre au goût

Piquer les pommes de terre et les cuire dans leur pelure, à four moyen, à 160 à 180°C (325 à 350°F), pendant environ 45 minutes. Couper les pommes de terre en deux, en retirer la pulpe en laissant 0,5 cm (¹/4 po) adhérer à la pelure et réserver dans un saladier. Mettre de côté les pommes de terre évidées. Chauffer l'huile végétale dans une casserole, y faire revenir l'oignon 2 à 3 minutes, puis ajouter le porc haché. Saler, poivrer et cuire 3 minutes. Ajouter la pulpe à cette farce et en garnir les pommes de terre évidées. Disposer une tranche de fromage sur chacune des pommes de terre et les saupoudrer de paprika. Gratiner sous le gril du four pendant environ 2 minutes. Mélanger tous les ingrédients de la sauce, saler et poivrer. Vous pouvez servir la sauce froide avec les pommes de terre chaudes.

Salade du midi au jambon et aux légumes

POUR 4 PERSONNES

45 ml (3 c. à soupe) d'huile d'olive
30 ml (2 c. à soupe) de vinaigre balsamique
5 ml (1 c. à thé) de basilic frais, haché
4 œufs
30 haricots fins, verts ou jaunes
12 pois mange-tout
1 poivron émincé
1 tomate en dés
1 pomme de terre cuite, en cubes
450 g (1 lb) de cubes de jambon cuit
45 ml (3 c. à soupe) de fromage cheddar, en petits cubes ou en lanières
sel et poivre au goût
30 ml (2 c. à soupe) de ciboulette

Dans un saladier, mélanger l'huile, le vinaigre balsamique et le basilic. Faire bouillir les œufs à l'eau salée, vinaigrée, pendant 10 minutes, les écaler et les réserver. Blanchir les haricots verts et les pois mange-tout ou les garder crus. Mélanger tous les légumes, le jambon et le fromage à la vinaigrette. Garnir la salade avec les œufs, saler et poivrer, si nécessaire, puis parsemer de ciboulette.

Jambon

CROQUE-NOTE

Laissez aller votre imagination! Vous pouvez remplacer ces légumes par d'autres légumes de votre choix et même les servir crus.

Rôti de pointe de surlonge, désossé (noix)*

CROQUE-NOTE

Tout comme on le fait pour l'agneau, on peut piquer un rôti de porc avec des gousses d'ail.

* *Ou rôti d'extérieur de ronde, désossé ou rôti de bout de côte, désossé.*

Salade froide de rôti de porc, de radicchio et de mangue

POUR 4 PERSONNES

VINAIGRETTE
30 ml (2 c. à soupe) de moutarde forte
30 ml (2 c. à soupe) de jus d'orange
1 échalote sèche, hachée
45 ml (3 c. à soupe) d'huile d'olive
30 ml (2 c. à soupe) de vinaigre balsamique
15 ml (1 c. à soupe) de ciboulette hachée
sel et poivre au goût

4 tranches de rôti de porc froid, de longe ou de pointe
(voir recettes p. 169, 215 et 224)
1 radicchio émincé
1 mangue en dés ou en julienne
1 tomate en tranches

Mélanger la moutarde, le jus d'orange et l'échalote, puis monter doucement la vinaigrette avec l'huile d'olive. Détendre de vinaigre balsamique. Ajouter la ciboulette, puis du sel et du poivre.

Utiliser les restes de rôti et les découper en tranches fines. Nettoyer le radicchio. Mélanger le radicchio et la mangue avec la vinaigrette, puis ajouter les tranches de rôti et les tranches de tomate. Bien mélanger et servir.

Le radicchio peut parfaitement se remplacer par de la laitue rouge; il porte aussi le nom de trévise.

Spaghetti, sauce à la viande de porc

POUR 6 PERSONNES

45 ml (3 c. à soupe) d'huile d'olive
1 oignon haché très finement
1 kg (2¼ lb) de porc haché, maigre
4 tranches de tomates séchées, hachées
1 boîte de tomates de 796 ml (28 oz)
4 gousses d'ail, sans le germe, hachées très finement
15 ml (1 c. à soupe) de basilic séché
5 ml (1 c. à thé) de piment pili-pili, haché
1 paquet de spaghetti de 500 g (env. 1 lb)
sel et poivre au goût
30 ml (2 c. à soupe) de persil frais, haché
beurre ou crème en quantité suffisante pour réchauffer les pâtes

Faire chauffer l'huile d'olive dans une casserole, puis y faire revenir l'oignon et le porc haché, 5 à 6 minutes, à feu moyen. Ajouter les tomates séchées et les tomates en conserve, l'ail haché, le basilic et le piment. Remuer et laisser cuire, à couvert, 30 minutes, à feu doux.

Mettre de l'eau à bouillir et quelques gouttes d'huile d'olive dans une grande casserole. Y faire cuire les spaghettis, 5 à 6 minutes. Égoutter les spaghettis et les mettre de côté. Saler et poivrer la sauce, puis ajouter le persil haché. Réchauffer les pâtes avec du beurre ou avec de la crème pendant 1 à 2 minutes, napper de sauce et servir aussitôt.

Porc haché

CROQUE-NOTE

Vous pouvez aussi utiliser cette préparation pour faire des lasagnes ou pour garnir des cannellonis.

VINS CONSEILLÉS

Sans hésiter, mariage à l'italienne tout en saveurs avec des vins simples aux tanins souples, mais non dépourvus de couleur et de matière. Le Sangiovese di Romagna et le Rosso di Montalcino (Toscane), servis entre 16 et 18°C rivaliseront d'excellence!

Steaks au cari-coco

POUR 4 PERSONNES

45 ml (3 c. à soupe) d'huile d'olive
4 steaks de porc dans la pointe, la longe ou la fesse,
d'environ 2 cm (1 po) d'épaisseur
sel et poivre au goût
1 oignon émincé
1 gousse d'ail, sans le germe, hachée finement
1 poivron vert en cubes
½ poivron rouge en lanières
2 branches de céleri, coupées en dés
250 ml (1 tasse) de bouillon de volaille
30 ml (2 c. à soupe) de cari
2 courgettes en morceaux ou des pâtissons coupés en quartiers
60 ml (4 c. à soupe) de lait de coco ou de crème épaisse (crème à 35 %)

Faire chauffer l'huile dans une casserole, saler et poivrer les steaks, les
faire revenir 2 à 3 minutes et réserver. Dans la même poêle, faire sauter
l'oignon, l'ail, les poivrons verts et rouges ainsi que les branches de céleri. Verser ensuite le bouillon de volaille, puis ajouter le cari. Cuire 3 à
4 minutes, à feu doux. Ajouter les steaks et bien mélanger. Ajouter les
courgettes ou les pâtissons. Cuire encore 3 minutes et réserver. Ajouter
le lait de coco ou la crème, saler, poivrer et servir avec tous les légumes.

*Si vous utilisez de la crème, vous devez faire mijoter la sauce tout doucement.
Il faut toutefois prendre soin de ne pas trop cuire les courgettes ou les pâtissons.
Par contre, si vous utilisez du lait de coco, vous ne devez pas le laisser bouillir.*

Tarte pizza au porc et à la mozzarella

POUR 4 PERSONNES

225 g (½ lb) de pâte à pain ou à pizza, crue
1 filet de porc, paré
30 ml (2 c. à soupe) d'huile d'olive
sel et poivre au goût
30 ml (2 c. à soupe) de moutarde douce
45 ml (3 c. à soupe) de sauce Diana* forte
5 ml (1 c. à thé) d'origan
2 courgettes (zucchinis) tranchées finement
30 ml (2 c. à soupe) d'huile d'olive**
5 ml (1 c. à thé) d'herbes de Provence
½ casseau de petites tomates rouges ou jaunes
10 tranches de mozzarella

Étaler la pâte pour faire un cercle de 25 à 30 cm (10 à 12 po) de circonférence. Disposer la pâte sur une plaque à pizza ou à pâtisserie. Couper le filet de porc en tranches assez fines. Chauffer 30 ml (2 c. à soupe) d'huile dans une poêle en téflon. Saler et poivrer les tranches de filet, puis les poêler 1 à 2 minutes de chaque côté. Retirer et laisser refroidir. Mélanger la moutarde, la sauce Diana et l'origan. Tartiner le fond de la pâte, puis ajouter le filet de porc. Mélanger les courgettes avec 30 ml (2 c. à soupe) d'huile et les herbes de Provence, puis laisser mariner pendant 10 minutes. Étaler les tranches de courgettes marinées et compléter avec les tomates tranchées. Ajouter le fromage mozzarella. Cuire au four, à 160°C (325°F), pendant environ 15 à 20 minutes. Servir bien chaud.

*Voir lexique.
** L'huile d'olive revient à deux reprises dans cette recette.

Filets (filet mignon)

CROQUE-NOTE

À défaut de sauce Diana, utilisez de la sauce chili.

VINS CONSEILLÉS

Tous ces ingrédients sur fond de pâte tartinée de sauce bien relevée supporteront, pour les accompagner, un vin rouge à l'italienne, structuré et assez corsé. De l'Ombrie, le Torgiano rosso, de sa belle couleur affirmée et généreux à souhait, saura séduire l'œnophile gourmand.

Porc haché

VINS CONSEILLÉS

Des vins blancs vifs, légers et sans prétention, tels que le Vinho Verde (Portugal) ou le Picpoul de Pinet (Coteaux du Languedoc) sauront tirer leur épingle du jeu avec ces brochettes garnies d'oignons joliment colorés. Servir très frais (8°C).

Tournedos de porc et porc haché aux oignons rôtis

POUR 4 PERSONNES

225 g (½ lb) de porc haché, maigre
15 ml (1 c. à soupe) de sauce soja
30 ml (2 c. à soupe) de persil frais, haché
sel et poivre au goût
4 tournedos de porc d'environ 100 g (3½ oz) chacun
30 ml (2 c. à soupe) d'huile végétale
2 oignons blancs, émincés
45 ml (3 c. à soupe) de vinaigre balsamique

Mélanger le porc haché, la sauce soja et le persil haché. Saler et poivrer légèrement. Confectionner des galettes d'environ 100 g (3½ oz) chacune. Sur des pics à brochettes, mettre en alternance tournedos et galettes. Dans un peu d'huile, griller ou poêler les brochettes pendant 4 à 5 minutes. Mettre ensuite les brochettes au four à 160°C (325°F), pendant 5 minutes. Faire revenir les oignons dans l'huile de cuisson pendant 4 minutes, jusqu'à coloration. Ajouter le vinaigre balsamique. Éteindre le feu et couvrir. Sortir les brochettes, les répartir de chaque côté du plat de service et disposer les oignons au milieu du plat.

On peut également ajouter de petits bouquets de persil pour la décoration.

En tête-à-tête

Tchin-tchin!

Sur mon épaule, vous avez le cœur tendre

Sur ma cuisse, vous avez la patte douce

Sur mon flanc, vous avez la paume grande

Rien de ce qui vient de vous, je ne repousse.

Bandes de feuilleté au porc épicé

POUR 2 PERSONNES

15 ml (1 c. à soupe) de sauce tamari
15 ml (1 c. à soupe) de miel
15 ml (1 c. à soupe) de sauce chili
1 ml (¼ c. à thé) d'ail en poudre
1 ml (¼ c. à thé) de gingembre en poudre
225 g (½ lb) de cubes de porc, ouverts et aplatis
30 ml (2 c. à soupe) d'huile végétale
½ paquet de pâte feuilletée toute préparée ou 225 g (½ lb)
1 jaune d'œuf
30 ml (2 c. à soupe) de lait
sel et poivre au goût
1 ml (¼ c. à thé) de piment oiseau séché, haché

Préparer une marinade avec la sauce tamari, le miel, la sauce chili, l'ail, le gingembre et bien mélanger. Faire mariner les cubes pendant 15 à 20 minutes, en remuant fréquemment. Faire chauffer l'huile végétale et y faire revenir les cubes de porc, à feu vif, pendant 2 minutes. Retirer les cubes, les égoutter et les laisser refroidir.

Étaler la pâte, puis la détailler en 2 bandes d'environ 15 x 10 cm (6 x 4 po). Mélanger le jaune d'œuf et le lait. Badigeonner les bandes de ce mélange. Cuire au four pendant 5 minutes, à 200°C (400°F). Retirer et laisser refroidir. Enfiler les cubes de porc sur des pics à brochettes, puis les badigeonner de nouveau de marinade. Saler et poivrer. Déposer le porc sur les bandes de pâte feuilletée précuites, puis cuire le tout au four, 7 à 8 minutes, à 180°C (350°F). Badigeonner en cours de cuisson. Parsemer de piment. Déguster lorsque bien chaud et croustillant.

Brochettes de crevettes
et cubes de porc marinés

POUR 2 PERSONNES

8 grosses crevettes (21 à 25 à la livre)
8 cubes de porc
45 ml (3 c. à soupe) de sauce aux huîtres
30 ml (2 c. à soupe) de jus de lime
45 ml (3 c. à soupe) d'huile d'olive
30 ml (2 c. à soupe) d'échalote sèche
75 ml (5 c. à soupe) de vin blanc sec
60 ml (¼ tasse) de crème épaisse (crème à 35 %)
1 tomate en dés
1 oignon vert
sel et poivre au goût

Faire mariner, pendant 15 minutes, les grosses crevettes décortiquées et les cubes de porc avec la sauce aux huîtres, le jus de lime et l'huile d'olive. Remuer assez fréquemment. Enfiler en alternance porc et crevette, sur des pics à brochettes en bois, puis griller doucement sur un gril préchauffé ou sur une plaque à four, pendant 4 minutes. Mettre au four à 160°C (325°F), à couvert, et cuire encore 2 à 3 minutes.

Dans une casserole, mettre l'échalote et le vin blanc sec, puis faire réduire aux trois quarts. Ajouter la crème, la tomate et l'oignon. Laisser réduire de nouveau pendant 2 minutes environ, saler et poivrer. Retirer les brochettes du four, les disposer dans une assiette ou dans un plat de service, et verser la sauce. On peut servir avec du riz nature, du riz aux légumes ou du riz sauvage.

Cubes à brochettes

CROQUE-NOTE

Pour cette recette, il faut absolument utiliser des grosses crevettes, sinon les crevettes plus petites seraient cuites plus vite que le porc, ce qu'il faut éviter.

VINS CONSEILLÉS

Des vins blancs secs, mais souples, à cause de la crème, joueront le jeu de la séduction avec ces brochettes de crevettes et de cubes de porc, servis en tête-à-tête. Chardonnay de Californie, Mâcon-Villages et Saint-Véran (Bourgogne) ou un suave Soave d'une bonne maison (Vénétie) seront servis à 10°C.

Côtelettes aux pétoncles

POUR 2 PERSONNES

2 côtelettes de porc de 4 cm (1½ po) d'épaisseur
sel et poivre au goût
30 ml (2 c. à soupe) d'huile végétale
6 noix de pétoncles, fraîches ou surgelées
15 ml (1 c. à soupe) de beurre
1 échalote sèche, hachée
60 ml (4 c. à soupe) de vermouth Noilly Prat
45 ml (3 c. à soupe) de crème épaisse (crème à 35 %)
60 ml (¼ tasse) de bouillon de volaille
15 ml (1 c. à soupe) de persil frais, haché

Saler et poivrer les côtelettes de chaque côté, puis les faire revenir doucement dans l'huile bien chaude pendant 3 minutes. Mettre ensuite les côtelettes au four, sur une plaque, à 160°C (325°F), 4 à 5 minutes. Poêler les pétoncles dans le gras de cuisson pendant 2 minutes, les retirer de la poêle, puis les mettre en attente. Faire fondre le beurre dans une poêle propre et faire suer sans coloration l'échalote hachée pendant 2 minutes. Ajouter le vermouth, la crème et le bouillon. Laisser réduire de moitié. Disposer les côtelettes dans les assiettes, puis répartir les pétoncles, trois par assiette. Verser la sauce, saler, poivrer, puis parsemer de persil.

Si la sauce n'est pas assez épaisse, on peut l'épaissir en y diluant du beurre manié, mélange à quantités égales de beurre et de farine, ou en ajoutant 15 ml (1 c. à soupe) de fécule de maïs, diluée dans 30 ml (2 c. à soupe) d'eau froide.

Côtes levées croustillantes aux fines herbes

POUR 2 PERSONNES

2 petites pièces de côtes levées de dos
ou 1 grosse, environ 750 g (env. 1½ lb), au total
1 oignon
2 clous de girofle
1 feuille de laurier
1 branche de thym
sel au goût
30 ml (2 c. à soupe) de moutarde douce
15 ml (1 c. à soupe) de sauce tamari
15 ml (1 c. à soupe) de ketchup
15 ml (1 c. à soupe) de persil frais, haché
15 ml (1 c. à soupe) de coriandre fraîche, hachée
ou 1 ml (¼ c. à thé) de coriandre en poudre
75 ml (5 c. à soupe) de chapelure de pain
sel et poivre au goût

Sectionner les pièces de côtes levées en détachant chaque côte, une à une. Cuire les côtes levées dans 10 tasses (2,5 litres) d'eau, avec l'oignon, les clous de girofle, le laurier et le thym, puis saler moyennement. Cuire 45 minutes, à feu moyen. Égoutter et réserver. Dans un bol, mélanger la moutarde et la sauce tamari. Ajouter le ketchup, le persil et la coriandre. Bien mélanger. Badigeonner les côtes levées de ce mélange, les saupoudrer de chapelure, puis les faire griller sur le gril ou au four. Si désiré, on peut relever davantage l'assaisonnement en ajoutant sel et poivre. Griller au four, pendant 4 à 5 minutes, ou sur le barbecue, pendant 2 à 3 minutes.

Côtes levées de flanc
(travers frais)

CROQUE-NOTE

La marinade peut être préparée d'avance et conservée dans un pot. Il n'est pas nécessaire de mariner les côtes pendant 15 à 20 minutes, elles peuvent être badigeonnées à la dernière minute.

VINS CONSEILLÉS

Pour ces côtes grillées, rien de mieux que des vins rouges fruités et tendres à base de Gamay, tels que les vins gouleyants du Beaujolais. Beaujolais-Villages, Chiroubles ou Coteaux du Lyonnais, le cousin voisin, servis légèrement rafraîchis feront l'affaire.

Escalopes en portefeuille à l'avocat et aux épinards

POUR 2 PERSONNES

4 escalopes de porc
4 feuilles d'épinard
2 tranches de fromage comté Jura Flore ou de gruyère
½ avocat en tranches
sel et poivre du moulin, au goût
15 ml (1 c. à soupe) d'huile d'olive
½ poivron rouge en dés
60 ml (4 c. à soupe) de fond de veau lié
30 ml (2 c. à soupe) de crème épaisse (crème à 35 %)
15 ml (1 c. à soupe) de moutarde forte

Aplatir les escalopes entre deux pellicules de plastique. Masquer les escalopes de feuilles d'épinard, de fromage et d'avocat. Saler et poivrer. Couvrir une escalope d'une autre escalope et presser fortement. Chauffer l'huile d'olive et y faire sauter vivement le poivron, 2 à 3 minutes. Pour faire la sauce, ajouter au poivron le fond de veau lié, la crème et la moutarde, puis saler et poivrer. Dans très peu de gras, faire cuire les escalopes dans une poêle en téflon, 2 à 3 minutes. Mettre ensuite les escalopes sur une plaque à four, couverte d'un papier d'aluminium, 3 minutes, à 160°C (325°F). Masquer de sauce le fond des assiettes, y déposer le portefeuille à l'avocat et aux épinards, puis napper de sauce. Saupoudrer de poivre du moulin et servir aussitôt.

Escalopes farcies aux poivrons doux

POUR 2 PERSONNES

30 ml (2 c. à soupe) d'huile d'olive
1 poivron vert, émincé finement
sel et poivre au goût
15 ml (1 c. à soupe) de cassonade
15 ml (1 c. à soupe) de gingembre râpé
150 g (5 oz) de porc haché, maigre
2 escalopes de porc, bien aplaties
un peu d'huile d'olive pour badigeonner les escalopes
30 ml (2 c. à soupe) de beurre
1 échalote sèche, hachée
60 ml (¼ tasse) de champignons émincés
4 mini-courgettes
½ poivron rouge, en lanières
60 ml (¼ tasse) de crème épaisse (crème à 35 %)
60 ml (¼ tasse) de cidre

Dans une poêle, faire chauffer l'huile d'olive et y faire revenir les poivrons verts, 4 à 5 minutes, à feu moyen. Saler et poivrer. Ajouter la cassonade, le gingembre, le porc haché et cuire 1 à 2 minutes. Retirer du feu et continuer de mélanger le tout dans un bol. Mettre un peu de farce au milieu des escalopes, les rouler en forme de cigare et les disposer dans un plat à four après les avoir légèrement badigeonnées d'huile. Puis les faire cuire au four, 5 à 7 minutes, à 180°C (350°F). Réduire le feu à 150°C (300°F) et cuire encore 5 minutes, à couvert.

Faire fondre le beurre dans une casserole, y ajouter l'échalote et les champignons, puis faire cuire 2 à 3 minutes. Ajouter les mini-courgettes et le poivron rouge, puis laisser cuire 1 à 2 minutes. Verser la crème, le cidre et cuire la sauce 3 à 4 minutes. Saler et poivrer. Répartir la sauce dans une assiette avec les poivrons et les mini-courgettes. Ajouter les escalopes farcies.

CROQUE-NOTE

Le poivron est, à tort, souvent appelé piment.

VINS CONSEILLÉS

Les vins de Cabernet rappellent parfois les senteurs de poivron. Mais il faudra choisir des vins rouges très souples pour accompagner cette préparation moelleuse et riche en saveurs. Des Anjou-Villages ou des Bourgueil (Vallée de la Loire) et des Bordeaux, tous de quelques années (5 ans environ) rapprocheront les amoureux.

CROQUE-NOTE

En Europe, le filet de porc porte le nom de filet mignon. On le trouve à l'état frais ou surgelé.

VINS CONSEILLÉS

La douceur sucrée des pêches et la saveur relevée de la moutarde s'unissent à la sauce aux notes d'agrumes en un ensemble qui sera mis en valeur par un vin blanc fruité, de forte personnalité.
Les amateurs de vins d'Alsace se feront plaisir en choisissant un Riesling d'une grande année, et les inconditionnels du Gewurztraminer trouveront dans ce vin une véritable source d'inspiration.

Filet farci aux pêches

POUR 2 PERSONNES

1 filet de porc de 300 g (10 oz)
125 g (¼ lb) de porc haché, maigre
1 pêche fraîche ou en conserve
sel et poivre au goût
15 ml (1 c. à soupe) de moutarde forte
30 ml (2 c. à soupe) de chapelure

Sauce
30 ml (2 c. à soupe) de beurre
1 petit oignon émincé
1 pêche fraîche ou en conserve
1 gousse d'ail, sans le germe, hachée
60 ml (4 c. à soupe) de jus d'orange
sel et poivre au goût
45 ml (3 c. à soupe) de fond de veau lié
15 ml (1 c. à soupe) de persil frais, haché

Ouvrir le filet en portefeuille. Mélanger le porc haché et deux pêches coupées en morceaux. Saler et poivrer. Garnir de farce l'intérieur du filet et refermer en laissant le joint dessous. Badigeonner le filet de moutarde à l'aide d'un pinceau, puis le rouler dans la chapelure. Saler et poivrer. Le disposer sur une plaque à four, légèrement huilée. Cuire pendant 15 minutes, à 160°C (325°F). Réduire à 120°C (250°F) et poursuivre la cuisson 20 minutes.

Sauce

Faire fondre le beurre dans une casserole, y ajouter l'oignon et les deux autres pêches, puis cuire 3 à 4 minutes. Ajouter l'ail, le jus d'orange, saler, poivrer et laisser cuire encore 2 minutes. Ajouter ensuite le fond de veau et le persil haché. Couper le filet en tranches de 2 cm (1 po) d'épaisseur et servir sur un lit de sauce.

Filet farci en robe verte et ciboulette

POUR 2 PERSONNES

300 g (10 oz) de filet de porc
125 g (¼ lb) de porc haché, maigre
1 échalote sèche, hachée
15 ml (1 c. à soupe) de noix hachées
30 ml (2 c. à soupe) de moutarde à l'estragon
15 ml (1 c. à soupe) de sauce Worcestershire
1 œuf
sel et poivre au goût
8 feuilles de laitue ou de chou vert
1 crépine de porc
5 ml (1 c. à thé) d'herbes de Provence

Sauce
30 ml (2 c. à soupe) de beurre doux
1 échalote sèche, hachée
30 ml (2 c. à soupe) de ciboulette hachée
60 ml (4 c. à soupe) de crème épaisse (crème à 35 %)
45 ml (3 c. à soupe) de Pineau des Charentes
sel et poivre au goût

Ouvrir le filet en portefeuille pour former un carré ou un rectangle. Mélanger le porc haché avec l'échalote, les noix, la moutarde, la sauce Worcestershire et l'œuf. Saler et poivrer. Blanchir les feuilles de laitue ou de chou à l'eau bouillante salée, pendant environ 1 minute. Refroidir à l'eau froide. Façonner la farce en forme de boudin et l'enrouler dans la moitié des feuilles de laitue. Saler et poivrer le filet, puis disposer la farce au milieu. Refermer en rouleau. Envelopper le tout des feuilles de laitue, puis de crépine. Ajouter les herbes de Provence. Faire cuire le filet sur une plaque à four, 17 à 20 minutes, à 180°C (350°F).

Faire fondre le beurre dans une casserole et y faire dorer les échalotes, 2 à 3 minutes. Ajouter la ciboulette, la crème et le Pineau des Charentes. Laisser mijoter 3 minutes. Saler, poivrer et passer au robot. Masquer de sauce un plat de service. Couper le filet en tranches et servir.

CROQUE-NOTE

Vous devez commander la crépine ou coiffe chez votre boucher, environ une semaine à l'avance.

Avant d'utiliser la crépine, vous devez la faire tremper 30 minutes à l'eau froide.

Si vous n'avez pas de crépine, remplacer le gras de la crépine par 45 ml (3 c. à soupe) d'huile ou de beurre.

VINS CONSEILLÉS

Cette préparation très fine n'empêche pas une certaine intensité de saveurs, alliée à une texture moelleuse. Aussi, des vins blancs aromatiques souples et assez riches relèveront ce défi: Chardonnay du Penedes (Espagne) et, pour les amateurs de la Vallée du Rhône, un Crozes-Hermitage ou le rare Châteauneuf-du-Pape.

CROQUE-NOTE

On peut aussi utiliser des tomates en conserve ou des tomates séchées.

VINS CONSEILLÉS

La texture, qui résulte de la cuisson de ces tournedos, ainsi que les condiments utilisés invitent à boire des vins rouges aromatiques, friands et souples. Merlot d'Italie (Grave del Friuli) ou du Chili pour les soirées amicales, et Côtes de Provence rouge plus soutenu et sensuel pour un tête-à-tête amoureux.

* Ou noisette de filet.

Petits tournedos aux graines de sésame

POUR 2 PERSONNES

2 tomates
4 tournedos de porc d'environ 100 g (3½ oz) chacun
15 ml (1 c. à soupe) de moutarde forte
15 ml (1 c. à soupe) de graines de sésame
30 ml (2 c. à soupe) d'huile d'olive
1 échalote sèche, hachée
5 ml (1 c. thé) d'ail haché
5 ml (1 c. à thé) de basilic ciselé
125 ml (½ tasse) de bouillon de bœuf ou de volaille
sel et poivre au goût
pincée de sucre (facultatif)

Blanchir les tomates à l'eau bouillante, les émonder et les broyer grossièrement. Badigeonner les tournedos de moutarde, puis les parsemer de graines de sésame. Dans une poêle, chauffer l'huile d'olive et y faire revenir les tournedos de chaque côté, 2 à 3 minutes. Mettre ensuite les tournedos sur une plaque à four, à 160°C (325°F), pendant 3 minutes. Ajouter les échalotes dans la poêle qui a servi à cuire les tournedos, puis ajouter les tomates, l'ail haché et le basilic. Laisser cuire pendant 10 minutes, à feu moyen. Verser le bouillon, puis passer grossièrement au robot. Remettre de nouveau sur le feu, saler, poivrer et ajouter une pincée de sucre, si désiré. Napper de sauce le fond des assiettes et y dresser les tournedos, puis servir.

Train de côtes de dos au four

POUR 2 PERSONNES

1 train de côtes levées de dos d'environ 1 kg (2¼ lb)
45 ml (3 c. à soupe) de miel
1 gousse d'ail, sans le germe, hachée
2 ml (½ c. à thé) de sauce Tabasco
45 ml (3 c. à soupe) de sauce tamari
45 ml (3 c. à soupe) d'huile d'olive
1 oignon émincé
125 ml (½ tasse) de vin rouge
75 ml (5 c. à soupe) de chapelure
sel et poivre au goût

Faire cuire les côtes levées dans l'eau salée pendant 45 minutes, au four ou sur le feu, jusqu'à ce qu'elles soient tendres. Préparer une marinade avec le miel, l'ail, la sauce Tabasco, la sauce tamari et réfrigérer pendant 30 minutes. Chauffer l'huile d'olive et y faire revenir l'oignon pendant 7 minutes. Ajouter le vin rouge et laisser réduire presque en totalité, jusqu'à ce que l'oignon devienne presque transparent ou qu'il absorbe le vin rouge. Déposer les côtes sur une plaque à four, les badigeonner de marinade à l'aide d'un pinceau, puis les parsemer d'oignon et de chapelure. Saler et poivrer. Faire gratiner au four, à 180 à 190°C (350 à 375°F), pendant environ 5 minutes.

Côtes levées de flanc

(travers frais)

CROQUE-NOTE

Le train de côtes levées est tout simplement la partie entière, non tranchée.

VINS CONSEILLÉS

Pour ce tête-à-tête où la marinade relevée, mais assagie par le miel, joue un rôle important, des vins rouges aux arômes présents et sensuels feront passer le courant. Le généreux Nebbiolo d'Alba (Piémont), le Rioja Reserva boisé et vanillé (Espagne) ou le costaud vin du Dao (Portugal) seront servis entre 16 et 18°C.

Pour gourmets

Delicioso!

Fine Gueule rencontre Bec Fin

On palabre, on salive, on goûte

Fine Gueule rend fou Bec Fin

Il n'y a aucun plaisir qu'elle redoute.

CROQUE-NOTE

*Le mot blanquette,
traditionnellement réservé
au veau, convient aussi à
d'autres viandes.*

VINS CONSEILLÉS

*La cuisson du porc,
les pommes et la crème
nous incitent à choisir des
vins blancs souples, mais
non dépourvus de fraîcheur,
comme certains Chardonnay
du Chili ou du Sud de la
France (Vin de Pays d'Oc,
par exemple).
Servir frais (10°C).*

Blanquette de porc
aux pommes vertes

POUR 4 PERSONNES

1 kg (2¼ lb) de cubes de porc
à brochettes
1 oignon émincé
1 carotte épluchée
1 branche de céleri, émincée
1 bouquet garni
sel et poivre au goût
1 litre (4 tasses) de jus de pomme
250 ml (1 tasse) de cidre
3 pommes vertes

30 ml (2 c. à soupe) de fécule
de maïs
30 ml (2 c. à soupe) d'eau
4 jaunes d'œufs
75 ml (5 c. à soupe) de crème
épaisse (crème à 35 %)
4 tiges d'oignon vert
15 ml (1 c. à soupe) de ciboulette
hachée

Dans une grande casserole, couvrir d'eau les cubes de porc et les blanchir 2 à 3 minutes. Égoutter. Dans une autre casserole, mettre l'oignon, la carotte, la branche de céleri et le bouquet garni. Saler et poivrer légèrement. Verser le jus de pomme et le cidre, puis cuire à couvert, à feu moyen, pendant une heure à une heure et quart. Vérifier si les cubes sont tendres et assez cuits, égoutter la viande et réserver le jus.

Éplucher les pommes et en retirer le cœur. À l'aide d'un couteau, confectionner des petites pommes en forme d'olivettes. Remettre sur le feu le jus de cuisson, délayer la fécule dans l'eau et l'ajouter au liquide chaud. Mélanger les jaunes d'œufs à la crème et ajouter progressivement ce mélange à la sauce afin de l'épaissir. Hors du feu, remuer 1 à 2 minutes, puis laisser à feu très doux en évitant l'ébullition. Ajouter les pommes en forme d'olivettes, les tiges d'oignon vert et laisser cuire, à feu très doux, 3 à 4 minutes. Ajouter ensuite les cubes de porc et laisser mijoter très doucement. Ajouter la ciboulette, puis saler et poivrer de nouveau, si nécessaire.

Carré de porc à la crème d'ail

1 carré de porc de 1 à 1,5 kg (2¼ à 3¼ lb)
sel et poivre au goût
45 ml (3 c. à soupe) d'huile végétale
1 oignon coupé grossièrement
1 carotte coupée grossièrement
1 poireau coupé grossièrement
2 branches de céleri
500 ml (2 tasses) de bouillon de volaille
175 ml (¾ tasse) de gousses d'ail, sans le germe
175 ml (¾ tasse) de crème épaisse (crème à 35 %)
30 ml (2 c. à soupe) de beurre

Faire détailler le carré de porc par votre boucher. Saler et poivrer copieusement le carré. Faire chauffer une cocotte en fonte, ajouter l'huile et y faire revenir le carré sur tous les côtés, à feu moyen. Ajouter les légumes, sauf l'ail et le bouillon, puis mettre au four pendant une heure et quart, à 180°C (350°F).

Filtrer le bouillon de cuisson et le verser dans une casserole avec les gousses d'ail et la crème. Saler au goût et laisser cuire 15 minutes, à feu moyen. Passer le mélange au robot et y ajouter le beurre. Réchauffer le carré dans le papier d'aluminium, à four moyen, à 160 à 180°C (325 à 350°F), pendant 7 à 10 minutes, puis le découper. Servir avec la sauce autour et accompagner d'une jardinière de légumes et d'autres gousses d'ail en chemise, cuites au four.

Carré

VINS CONSEILLÉS

La cuisson de la viande, les légumes et la crème nous invitent à choisir parmi des vins blancs secs et souples, relativement généreux et non dépourvus d'acidité pour donner du relief à l'ensemble. On sortira des sentiers battus avec un Corbières blanc (Languedoc), une Roussette de Savoie ou le trop rare et excellent Côtes du Jura.

Carré

Carré de porc braisé aux petits oignons de semence et aux abricots

POUR 6 À 8 PERSONNES

2 gousses d'ail, sans le germe, taillées en fines lamelles
1,5 kg (3¼ lb) de carré de porc avec os
45 ml (3 c. à soupe) d'huile végétale
500 ml (2 tasses) de bouillon de bœuf ou de volaille
45 ml (3 c. à soupe) de vin rouge de Bordeaux
125 ml (½ tasse) de petits oignons de semence, épluchés
50 g (2 oz) de beurre
50 g (2 oz) de farine
60 ml (4 c. à soupe) de crème épaisse (crème à 35 %)
sel et poivre au goût
8 abricots frais ou en conserve

Piquer d'ail le carré de porc. Dans un plat à four, chauffer l'huile végétale et y faire revenir le carré jusqu'à coloration. Cuire au four à 180°C
(350°F), pendant une heure et demie à une heure trois quarts. Ajouter
le bouillon, le vin, les petits oignons et laisser cuire encore pendant
15 minutes. Retirer et conserver sous un papier d'aluminium.

Filtrer le jus de cuisson et réserver les oignons. Faire fondre le beurre
dans une autre casserole et y ajouter la farine, pour faire un roux.
Mouiller des jus de cuisson. Ajouter la crème, réduire juste à point, saler
et poivrer. Caraméliser les abricots et les petits oignons, avec très peu de
corps gras, sur une plaque à four, pendant 10 minutes, à 180°C (350°F).
Disposer le carré de porc dans un plat de service, répartir tout autour les
abricots et les petits oignons, napper de sauce et servir.

Carré de porc farci
aux herbes de Provence

POUR 6 À 8 PERSONNES

1,5 kg (3¼ lb) de carré de porc
45 ml (3 c. à soupe) de moutarde forte
30 ml (2 c. à soupe) d'herbes de Provence
350 g (¾ lb) de porc haché, maigre
1 œuf
45 ml (3 c. à soupe) de beurre
12 champignons hachés très finement
1 échalote sèche, hachée
30 ml (2 c. à soupe) de persil frais, haché
30 ml (2 c. à soupe) de coriandre fraîche
sel et poivre au goût
250 ml (1 tasse) de bouillon de bœuf ou de volaille

Ouvrir le rôti au milieu, de façon à pouvoir le farcir. Le badigeonner de moutarde et parsemer d'herbes de Provence. Mélanger le porc haché et l'œuf pour faire une farce. Faire fondre le beurre et y faire revenir les champignons et l'échalote, pendant 3 à 4 minutes. Incorporer ce mélange directement à la farce. Ajouter le persil et la coriandre, puis saler et poivrer. Farcir le carré. Refermer, ficeler et cuire au four pendant une heure trente-cinq à une heure trois quarts, à 160°C (325°F). Mouiller de bouillon en cours de cuisson. Laisser reposer le carré de porc dans son jus de cuisson, pendant 10 minutes. Servir tel quel.

Carré désossé

CROQUE-NOTE

Il est préférable de toujours farcir une pièce de viande trois ou quatre heures à l'avance ou mieux, la veille.

VINS CONSEILLÉS

Les herbes de Provence de ce carré farci feront la fête à des vins rouges charnus et généreux, à la palette aromatique soutenue. Coteaux d'Aix, Les Baux (Provence), Gigondas et Côtes du Lubéron (Vallée du Rhône) ou Côtes du Roussillon-Villages répondront présent à l'appel!

Carré de porc, tranché

ou côtelettes

CROQUE-NOTE

Les têtes de violon sont appelées ainsi en raison de leur forme, mais on les appelle aussi crosses de fougères. On les trouve fraîches au printemps et surgelées, le reste de l'année.

VINS CONSEILLÉS

Mariage de couleur avec la tomate et harmonie de texture avec ces côtelettes, arrondies par la crème! De bonnes raisons de choisir un vin de caractère, rosé, sec mais souple, comme le sont en général les Côtes de Provence ou le Côtes du Frontonnais, et qui feront plus que de jouer les deuxièmes violons.

Côtelettes aux têtes de violon

POUR 4 PERSONNES

500 ml (2 tasses) de têtes de violon, fraîches ou surgelées
45 ml (3 c. à soupe) d'huile végétale
4 côtelettes de porc de 2 cm (1 po) d'épaisseur
1 oignon émincé
1 tomate épluchée, en morceaux
1 gousse d'ail, sans le germe, hachée
sel et poivre au goût
30 ml (2 c. à soupe) de beurre doux
30 ml (2 c. à soupe) de jus d'orange fraîchement pressée
125 ml (½ tasse) de crème épaisse (crème à 35 %)
45 ml (3 c. à soupe) de dés de poivron jaune ou vert (facultatif)

Nettoyer les têtes de violon et les cuire 3 à 4 minutes à la vapeur, pour conserver toute leur saveur. Les rafraîchir à l'eau glacée et réserver. Dans une poêle, chauffer l'huile et y cuire les côtelettes de chaque côté, pendant 2 minutes. Retirer les côtelettes et, dans le gras de cuisson, faire revenir l'oignon et la tomate, bien remuer 2 à 3 minutes, puis ajouter l'ail. Saler, poivrer et réserver.

Dans une autre poêle, faire fondre le beurre et y faire sauter les têtes de violon, pendant 2 minutes. Ajouter le jus d'orange, la crème et cuire le tout, pendant 1 minute. Saler et poivrer. Dresser les têtes de violon dans un plat de service, les entourer de côtelettes et garnir de fond de cuisson. Si désiré, ajouter de petits dés de poivron vert ou jaune.

Pour faire cette recette, on pourrait aussi utiliser des steaks de porc d'environ 2 cm (1 po) d'épaisseur.

Côtelettes cordon bleu, sauce demi-glace

POUR 4 PERSONNES

4 côtelettes de porc de 200 g (7 oz) chacune, de 2 cm
(1 po) d'épaisseur, prises dans la longe
sel et poivre au goût
4 tranches de fromage gruyère
4 tranches fines de jambon
30 ml (2 c. à soupe) d'huile végétale

Sauce
75 ml (5 c. à soupe) de porto
1 échalote sèche, hachée finement
175 ml (¾ tasse) de fond de veau lié
45 ml (3 c. à soupe) de beurre frais en petits morceaux
sel et poivre au goût

Prendre la côtelette par le milieu, sans l'ouvrir complètement, de façon à y insérer la garniture. Saler, poivrer légèrement les côtelettes, puis insérer la tranche de fromage et la tranche de jambon pliée à l'intérieur. Refermer la côtelette et presser légèrement. Cuire les côtelettes dans une poêle en téflon, dans l'huile végétale, 3 à 4 minutes de chaque côté. Mettre ensuite les côtelettes au four pendant 4 minutes, à 160°C (325°F).

Sauce
Verser le porto dans une casserole, puis ajouter l'échalote hachée et laisser réduire presque à sec. Mouiller de fond de veau lié, laisser cuire 2 à 3 minutes, puis, hors du feu, ajouter les petits morceaux de beurre. Saler et poivrer la sauce, puis réserver. Masquer de sauce le fond des assiettes, puis y disposer les côtelettes de porc. Servir avec une purée de pommes de terre, une purée dè légumes ou des légumes frais du jardin.

Côtelettes désossées pour farcir

CROQUE-NOTE

L'escalope cordon bleu est un des classiques de la cuisine. Ici, on remplace le veau par du porc.

VINS CONSEILLÉS

Des vins rouges fins, tout en fruit et en souplesse, charmeront les gourmets, mettant en valeur la texture de la viande. Un Côtes de Beaune-Villages (Bourgogne) ou un Bourgueil (Vallée de la Loire), servis à 15°C seront tout à fait à la hauteur de la situation.

Côtes levées de flanc

(travers frais)

CROQUE-NOTE

Si vous faites cuire les côtes levées au barbecue, badigeonnez-les fréquemment en cours de cuisson.

VINS CONSEILLÉS

Au choix, des vins rouges charnus et généreux, non dépourvus de finesse, ou des rosés secs, aromatiques et tout en fruit. Je suggère de rester dans le Sud de la France avec le Côtes de Provence, les Baux de Provence ou un Coteaux Varois. Souvenirs de vacances garantis!

Côtes levées aux tomates séchées

POUR 4 PERSONNES

3 litres (12 tasses) d'eau pour la cuisson
1 oignon
1 bouquet garni
sel et poivre au goût
2 trains de côtes levées de dos de 900 g (2 lb) chacun
30 ml (2 c. à soupe) de sauce tamari
1 gousse d'ail, sans le germe, hachée finement
15 ml (1 c. à soupe) de sauce Worcestershire
6 tranches de tomates séchées
30 ml (2 c. à soupe) de miel
30 ml (2 c. à soupe) de basilic

Porter l'eau à ébullition, y jeter l'oignon et le bouquet garni. Saler, poivrer, puis ajouter les côtes levées et cuire vivement pendant 45 minutes. Découper les trains en côtes individuelles. Faire une marinade avec la sauce tamari, l'ail, la sauce Worcestershire, les tomates, le miel et le basilic. Saler et poivrer légèrement. Déposer les côtes levées sur une plaque à four et badigeonner régulièrement de marinade, en cours de cuisson. Laisser cuire 5 minutes, à 200°C (400°F).

Noisettes de filet aux petits fruits d'été

POUR 2 PERSONNES

45 ml (3 c. à soupe) de beurre
2 petits filets de porc de 200 g (7 oz) chacun
sel et poivre au goût
2 échalotes sèches, hachées
1 pointe d'ail, sans le germe, hachée
75 ml (5 c. à soupe) de jus de pomme
125 ml (½ tasse) de fond de veau ou de bouillon de bœuf réduit
75 ml (5 c. à soupe) de crème épaisse (crème à 35 %)
125 ml (½ tasse) de gadelles ou de groseilles
2 échalotes en rondelles, sautées à la poêle
ciboulette au goût (facultatif)

Dans une casserole, faire fondre le beurre sans coloration, puis y faire revenir délicatement les filets détaillés en quatre tournedos. Saler et poivrer en cours de cuisson, puis faire cuire pendant 2 à 3 minutes de chaque côté. Mettre sur une plaque à four et faire cuire 5 à 6 minutes, à 160°C (325°F). Dans une poêle, faire revenir les échalotes hachées, 1 à 2 minutes. Ajouter la pointe d'ail et le jus de pomme. Laisser réduire aux trois quarts. Verser le fond de veau ou le bouillon de bœuf réduit. Ajouter la crème et y répartir les gadelles ou les groseilles. Laisser cuire pendant 2 à 3 minutes. Disposer les filets dans les assiettes de service et les napper généreusement de sauce. Ajouter les rondelles d'échalote, rôties à la poêle, et la ciboulette, si désiré.

Filets (filet mignon)

CROQUE-NOTE

Ah les fraises et les framboises et toutes les petites baies que nous offre l'été: groseilles, cassis, bleuets, myrtilles…! Vous pouvez aussi essayer cette recette avec vos petits fruits préférés.

VINS CONSEILLÉS

Palette de couleurs partagée entre le mets garni de groseilles et le vin issu de Pinot noir aux saveurs de petits fruits rouges. Pour ne pas tomber dans le vin trop charpenté, choisir un rouge d'Alsace ou de Sancerre, et pourquoi pas un Pinot noir américain? Tous ces vins, servis légèrement rafraîchis (14°C).

Rôti de côtes, désossé et côtes levées

Croque-Note

Les canneberges sont parmi les petits fruits qui se marient le mieux avec la viande braisée. On les trouve fraîches, mais aussi en chutneys ou en compote.

Vins conseillés

La sauce aux canneberges, onctueuse et fruitée, apporte au plat une souplesse qui sera soulignée par un vin rouge tendre et vif. Gamay de Touraine (Vallée de la Loire), Beaujolais et Mâcon (Bourgogne) devront être servis frais (12 à 14°C).

Petite couronne de porc au four, à la sauce aux canneberges

Pour 4 à 6 personnes

1 couronne de côtelettes de porc de 1,5 kg (3¼ lb)
sel et poivre au goût
45 ml (3 c. à soupe) d'huile végétale
2 oignons émincés
1 litre (4 tasses) de bouillon de volaille ou de bœuf
170 g (6 oz) de canneberges fraîches ou surgelées
60 ml (4 c. à soupe) de cassonade
1 bouquet de menthe fraîche

Saler et poivrer la couronne sur tous les côtés et la déposer sur une plaque à four. Réserver. Chauffer l'huile dans une casserole et y faire revenir les oignons émincés jusqu'à coloration, 3 à 4 minutes. Saler et poivrer. Répartir les oignons autour de la couronne, puis verser le bouillon. Couvrir d'un papier d'aluminium et cuire au four à 160 à 180°C (325 à 350°F), pendant une heure et quart. Retirer le papier et éteindre le four, puis y laisser reposer la couronne. Filtrer le bouillon et le remettre sur le feu, dans une casserole. Ajouter les canneberges et la cassonade. Faire réduire de moitié, à feu moyen. Ajouter les oignons de cuisson lorsque le mélange commence à épaissir (quand les canneberges commencent à se mélanger à la sauce). Déposer la couronne dans un plat de service. Verser la sauce aux canneberges et aux oignons tout autour, puis mettre au centre un petit bouquet de menthe fraîche.

Rognons en fricassée aux champignons

POUR 4 PERSONNES

4 rognons de porc frais
60 ml (4 c. à soupe) d'huile végétale
30 ml (2 c. à soupe) de beurre
500 ml (2 tasses) de champignons café ou de champignons de Paris
1 tomate, en dés
½ gousse d'ail, sans le germe, hachée finement
30 ml (2 c. à soupe) de fond de veau lié
60 ml (4 c. à soupe) de porto
60 ml (4 c. à soupe) de crème épaisse (crème à 35 %)
sel et poivre au goût
30 ml (2 c. à soupe) de persil frais, haché (facultatif)

Ouvrir les rognons en deux et en retirer la membrane blanche (nerf). Les découper en morceaux de la grosseur d'un quartier de champignon. Faire tremper les rognons dans de l'eau vinaigrée pendant une heure pour bien les faire dégorger. Assécher les rognons dans un linge. Chauffer l'huile végétale et faire sauter vivement les rognons 2 à 3 minutes, à feu maximum. Retirer les rognons et bien les égoutter. Faire fondre le beurre dans une autre poêle. Y faire sauter les champignons en quartiers. Ajouter les rognons, puis la tomate et l'ail. Cuire ensuite 2 à 3 minutes. Mouiller de fond de veau lié et de porto. Ajouter la crème et poursuivre la cuisson 3 à 4 minutes. Saler et poivrer. Parsemer de persil et servir très chaud. Cette recette peut être accompagnée de pommes de terre rissolées ou de riz.

Il est important de faire sauter les rognons rapidement, pour ne pas qu'ils durcissent. Bien les égoutter afin d'éviter un surplus d'eau. Si vous vous apercevez que les rognons bouillent dans leur jus lorsque vous les faites sauter, arrêtez aussitôt, égouttez et recommencez l'opération. Il est également essentiel de bien chauffer l'huile pour réussir de bons rognons croquants et légèrement rosés.

Rognons

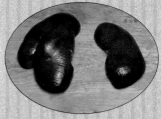

CROQUE-NOTE

Ce traditionnel plat de bistro est devenu un plat de privilégiés. C'est la cuisson qui en assurera la réussite.

VINS CONSEILLÉS

Pour tous les amateurs de fines saveurs, rognons, tomates et crème s'unissent et invitent à choisir des rouges fins et souples, mais bien structurés, comme certains Bordeaux (appellation régionale) ou d'autres vins de Cabernet sauvignon californiens et chiliens. Servir à 15°C environ.

Cubes à brochettes

CROQUE-NOTE

Pour vous faciliter la tâche, passez la cuillère à pomme parisienne ou la cuillère à melon à l'eau avant de tailler vos billes de courgettes.

VINS CONSEILLÉS

Les œnophiles dénicheront dans leur cave des vins rouges aromatiques de Provence ou de Toscane de quelques années (5 à 8 ans) pour accompagner ce sauté agrémenté de courgettes au basilic.
Le Mourvèdre d'un Bandol ou le Sangiovese d'un Chianti conviendront à merveille.
Servir à 18°C environ.

Sauté de cochon mariné aux billes de courges

POUR 4 PERSONNES

450 g (1 lb) de cubes à brochettes
75 ml (5 c. à soupe) de sauce Diana* épicée
30 ml (2 c. à soupe) de sauce Worcestershire
45 ml (3 c. à soupe) d'huile d'olive
1 oignon haché
2 tomates en dés
1 gousse d'ail, sans le germe, hachée finement
4 courgettes
45 ml (3 c. à soupe) de beurre
15 ml (1 c. à soupe) de graines de cumin
15 ml (1 c. à soupe) de basilic haché
persil ou basilic frais, haché, au goût (facultatif)

Faire mariner les cubes de porc dans la sauce Diana et la sauce Worcestershire, 15 à 20 minutes, en remuant de temps en temps. Chauffer l'huile d'olive, y faire revenir l'oignon haché, puis les cubes de porc marinés. Cuire 3 à 4 minutes. Ajouter les tomates en dés et l'ail haché, puis cuire à couvert 5 minutes. À l'aide d'une cuillère à pomme parisienne ou d'une cuillère à melon, tailler des billes à l'intérieur des courgettes. Chauffer le beurre et y faire revenir les billes 3 à 4 minutes. Ajouter le cumin et le basilic haché. Cuire 2 minutes. Ajouter les billes de courgettes au mélange de porc, réchauffer le tout 3 à 4 minutes, à feu très doux, et servir aussitôt. On peut, au goût, parsemer de persil ou de basilic frais, haché, en plus du basilic qui entre déjà dans la recette.

Voir lexique.

Tarte au porc haché, aux tomates et au gruyère

POUR 6 À 8 PERSONNES

1 pâte à tarte de 225 g (½ lb)
45 ml (3 c. à soupe) de beurre
1 oignon haché
225 g (½ lb) de porc haché, maigre
2 tomates en julienne
15 ml (1 c. à soupe) de sauce Worcestershire
30 ml (2 c. à soupe) de persil frais, haché
5 ml (1 c. à thé) de gingembre frais
ou 1 ml (¼ c. à thé) de gingembre en poudre
2 œufs
sel et poivre au goût
6 tranches de gruyère

Étaler la pâte au fond d'un moule et la piquer à l'aide d'une fourchette. Dans un four à 150°C (300°F), cuire pendant 5 minutes la pâte couverte d'un papier d'aluminium et de haricots secs pour l'empêcher de gonfler. Retirer le papier et les haricots lorsque la pâte est cuite. Faire fondre le beurre dans un grand poêlon, puis y faire revenir l'oignon, 3 à 4 minutes. Ajouter le porc haché et les tomates. Cuire 4 à 5 minutes. Verser la sauce Worcestershire, le persil et le gingembre, puis couvrir et laisser cuire à feu très doux pendant 7 minutes. Laisser refroidir complètement, ajouter les œufs, saler, poivrer et bien mélanger. Verser dans la pâte et masquer de tranches de gruyère. Cuire ensuite au four à 150 à 160°C (300 à 325°F), pendant 10 minutes.

🍴 *Pour un mélange plus onctueux, ajouter, en même temps que les œufs, 75 ml (5 c. à soupe) de crème épaisse (crème à 35 %).*

Porc haché

CROQUE-NOTE

Je recommande un gruyère, un comté de type Jura Flore ou du véritable parmesan (parmigiano reggiano).

VINS CONSEILLÉS

Ce plat original se laissera accompagner de rouges désaltérants, souples et très fruités, comme le sont en général les vins issus de Gamay. Gamay de Touraine (Vallée de la Loire), Mâcon, Beaujolais-Villages ou Chiroubles, pour les plus exigeants. Servir rafraîchis, entre 12 et 14°C.

Buffets et réceptions

Extra!

Grande soirée, table d'apparat, honorables invités

Époustouflants menus, sur les bristols, sont imprimés

Pourtant l'on cause du roi de la fête, Monsieur Cochon

Sur toutes les lèvres, en doux palais, on goûte son nom.

porc haché

CROQUE-NOTE

La banane plantain porte aussi le nom de banane à cuire. Il ne faut toutefois pas l'acheter verte, mais plutôt jaune ou ambrée.

VINS CONSEILLÉS

Quoi de mieux, à l'apéritif, que de se faire servir avec ces boulettes de porc une flûte de vin mousseux, sans prétention, mais jouant le rôle, parfois difficile, de faire-valoir. Blanquette de Limoux, Clairette de Die ou Crémant de Bourgogne servis très frais seront les bienvenus!

Boulettes cocktail aux bananes plantains

POUR 4 PERSONNES

450 g (1 lb) de porc haché
30 ml (2 c. à soupe) de coriandre fraîche, hachée
2 ml (½ c. à thé) de sauce Tabasco
45 ml (3 c. à soupe) de sauce aux huîtres chinoise
5 ml (1 c. à thé) d'ail haché, sans le germe
sel et poivre au goût
30 ml (2 c. à soupe) de beurre
45 ml (3 c. à soupe) d'huile végétale
45 ml (3 c. à soupe) d'huile d'olive
2 bananes plantains, mûres
30 ml (2 c. à soupe) de sucre
tranches de poivron pour décorer (facultatif)

Dans un bol, mélanger le porc, la coriandre, la sauce Tabasco, la sauce aux huîtres et l'ail haché. Saler et poivrer. Confectionner de grosses billes avec la farce, puis les faire revenir dans un mélange de beurre et d'huile végétale, 3 à 4 minutes. Retirer les boulettes et conserver le gras. Ajouter l'huile d'olive dans la poêle et y faire revenir les tranches de bananes plantains assez vivement, 2 à 3 minutes. Mettre ensuite les bananes au four pendant 3 minutes, à 150°C (300°F), puis ajouter les boulettes et cuire encore 2 minutes. Retirer boulettes et bananes, puis les saupoudrer légèrement de sucre. Disposer dans un plat de service, ajouter des tranches de poivron, si désiré, et servir à l'apéritif.

On trouve les bananes plantains ou bananes à cuire dans les magasins exotiques, les marchés publics et certains supermarchés.

Pâté de campagne aux pruneaux

POUR 10 À 12 PERSONNES

225 g (½ lb) de gras de porc, pris dans l'épaule
1 kg (2¼ lb) de porc en cubes ou de flanc (poitrine) en cubes
250 ml (1 tasse) de persil frais
2 oignons épluchés, coupés en morceaux
6 gousses d'ail épluchées, sans le germe
125 ml (½ tasse) de vin blanc sec
30 ml (2 c. à soupe) de cognac
1 œuf
2 ml (½ c. à thé) de quatre-épices
sel et poivre au goût
16 pruneaux dénoyautés
feuilles de laurier (facultatif)

Découper le gras en cubes, puis le mettre à mariner avec le porc, le persil, les oignons, l'ail, le vin blanc et le cognac. Laisser mariner douze heures au réfrigérateur, puis passer ensuite au moulin à viande (et non au robot, car on veut avoir des morceaux assez gros). Ajouter l'œuf, le quatre-épices, saler et poivrer. Disposer tout au centre d'une terrine les pruneaux dénoyautés, couvrir de farce et bien tasser. Ajouter quelques pruneaux sur le dessus et, si on le désire, des feuilles de laurier. Faire cuire au bain-marie pendant deux heures et quart, à 150 à 160°C (300 à 325°F). Laisser reposer la terrine pendant 30 minutes, puis la presser sous un poids d'environ 500 g (env. 1 lb) de façon à éviter qu'elle ne se dessèche.

Pour éviter que la terrine ne soit trop sèche, on peut ajouter sur le dessus de la coiffe ou de la crépine* de porc. Il faut toutefois commander la crépine chez votre boucher environ une semaine à l'avance.

* Avant d'utiliser la coiffe ou la crépine, vous devez la faire tremper 30 minutes à l'eau froide.

Flanc (poitrine)*

CROQUE-NOTE

Si vous utilisez du flanc ou de la bajoue, vous aurez alors un équilibre parfait gras-maigre.

VINS CONSEILLÉS

Clin d'œil régional pour cette entrée, avec un Buzet rouge, souple et fruité, issu de l'aire de production traditionnelle des délicieux pruneaux (Agen). Les amateurs de vins de Loire pourront hésiter entre Saumur et Anjou-Villages. Des vins rouges peu tanniques et ronds, à servir à 15°C.

* Ou bajoue (gorge).

Languettes

Croque-Note

Lavez le cresson à l'eau vinaigrée et asséchez-le avant de l'utiliser.

Petite salade de languettes de porc à l'avocat et au cresson

Pour 4 personnes

45 ml (3 c. à soupe) d'huile végétale
225 g (½ lb) de languettes de porc
2 avocats pas trop mûrs
45 ml (3 c. à soupe) d'huile d'olive
30 ml (2 c. à soupe) de vinaigre balsamique
1 échalote hachée
30 ml (2 c. à soupe) de coriandre fraîche, hachée
1 botte de cresson
8 mini-tomates jaunes
sel et poivre au goût
ciboulette hachée (facultatif)

Faire chauffer l'huile végétale dans une poêle et y faire revenir les languettes pendant 3 minutes. Mettre ensuite les languettes sur une plaque à four, à 160°C (325°F), 2 à 3 minutes, les retirer et les laisser refroidir. Éplucher les avocats et les couper en tranches. Mélanger l'huile d'olive et le vinaigre balsamique dans un saladier. Ajouter les avocats, l'échalote hachée, la coriandre et les languettes. Laisser mariner au réfrigérateur, 15 à 20 minutes.

Nettoyer le cresson à l'eau froide, légèrement vinaigrée. Répartir le cresson dans un plat de service. Disposer tout autour les mini-tomates jaunes. Saler et poivrer la salade, si nécessaire. Garnir le centre du plat de service en répartissant les languettes et les avocats. On peut décorer avec de la ciboulette hachée.

Petits panini au parmesan et au vinaigre balsamique

POUR 4 PERSONNES

4 petits *panini*
45 ml (3 c. à soupe) d'huile d'olive
15 ml (1 c. à soupe) d'herbes sèches
½ poivron rouge, coupé en lamelles
½ poivron vert, coupé en lamelles
8 tranches fines de rôti déjà cuit (voir recettes p. 169, 215 et 224)
8 copeaux de parmesan
15 ml (1 c. à soupe) de vinaigre balsamique
sel et poivre au goût
15 ml (1 c. à soupe) de ciboulette hachée

Ouvrir les petits pains en deux, les badigeonner d'huile d'olive et les parsemer d'herbes sèches. Griller les poivrons au four avec très peu d'huile, 5 à 6 minutes. Disposer les tranches de rôti de porc sur les petits pains, puis ajouter des morceaux de poivron et les copeaux de parmesan. Asperger le tout de vinaigre balsamique, saler et poivrer, puis mettre au four, sur une plaque, 5 à 7 minutes, à 120 à 140°C (250 à 275°F). Parsemer de ciboulette hachée.

*On peut gratiner les pains avec du fromage, de style mozzarella.
Il faut alors les faire griller de 1 à 2 minutes.*

Rôti de bout de côtes, désossé*

CROQUE-NOTE

Les panini sont des pains farcis. Essayez-les gratinés avec un peu d'huile d'olive, une tranche de rôti et du pesto. Delicioso!

VINS CONSEILLÉS

Des vins rosés simples et sans prétention accompagneront bien ces sandwiches à l'italienne. Rosés d'Italie, d'Espagne ou du Sud de la France, tous secs et vifs, légèrement mordants en bouche, seront servis bien frais.

* Ou rôti de pointe de surlonge, désossé (noix) ou rôti d'extérieur de ronde, désossé.

Rôti froid au chou confit à l'orange

POUR 4 PERSONNES

1,3 kg (env. 3 lb) de rôti de porc pris dans la surlonge ou la pointe
(voir recettes p. 169, 215 et 224)
sel et poivre au goût
60 ml (4 c. à soupe) de beurre
30 ml (2 c. à soupe) d'oignon haché
1 chou pommé, émincé
1 gousse d'ail, sans le germe, hachée finement
500 ml (2 tasses) de jus d'orange* frais
500 ml (2 tasses) de bouillon de volaille
125 ml (½ tasse) de yogourt à 10 %
30 ml (2 c. à soupe) de moutarde forte de Dijon
30 ml (2 c. à soupe) de jus d'orange frais
15 ml (1 c. à soupe) de cari jaune

Saler et poivrer le rôti, puis le faire cuire sur une plaque à four, pendant une heure et demie à une heure trois quarts. Retirer du four et laisser refroidir sous un papier d'aluminium. Faire fondre le beurre dans une grande casserole, ajouter les oignons hachés et les faire revenir 2 à 3 minutes, sans coloration. Ajouter le chou, bien remuer et cuire ensemble 2 à 3 minutes. Ajouter l'ail, 500 ml (2 tasses) de jus d'orange et le bouillon de volaille. Couvrir d'un papier d'aluminium et laisser cuire à feu moyen, à 150 à 160°C (300 à 325°F), pendant une heure trois quarts à deux heures. Retirer le papier 10 minutes avant de sortir le chou pour laisser évaporer le liquide. Laisser ensuite refroidir le chou hors du feu, pendant trois à quatre heures. Mélanger le yogourt, la moutarde, 30 ml (2 c. à table) de jus d'orange, le cari, puis saler et poivrer. Trancher le rôti de porc, puis le disposer sur un plat de service avec le chou à l'orange. Servir avec la sauce ou servir la sauce séparément.

* Le jus d'orange revient deux fois dans cette recette.

Rôti froid en tartine et bocconcini

POUR 2 PERSONNES

60 ml (4 c. à soupe) de fromage boursin aux herbes
30 ml (2 c. à soupe) de moutarde à l'estragon
sel et poivre au goût
4 tranches de pain de campagne
2 fromages bocconcini frais
30 ml (2 c. à soupe) d'huile d'olive
2 ml (½ c. à thé) de sauce Tabasco
15 ml (1 c. à soupe) d'herbes de Provence
2 ml (½ c. à thé) d'ail en poudre
4 feuilles de laitue
6 tranches de rôti dans la longe ou dans la cuisse
(voir recettes p. 169, 215 et 224)

Mélanger, à la fourchette, le boursin et la moutarde, puis saler et poivrer. Tartiner les tranches de pain de ce mélange. Faire mariner les fromages bocconcini dans l'huile d'olive, la sauce Tabasco, les herbes de Provence et l'ail en poudre pendant 15 minutes. Couvrir le mélange de feuilles de laitue, de bocconcini et de tranches de rôti.

Rôti de pointe de surlonge, désossé (noix)

CROQUE-NOTE

Ce plat qui peut se manger en tête-à-tête peut facilement être servi dans un buffet. Vous n'avez qu'à multiplier les quantités, selon le nombre de vos invités.

* Ou rôti de bout de côtes, désossé (noix), ou rôti d'extérieur de ronde, désossé.

Foie

CROQUE-NOTE

Les charcutiers utilisent un gras de porc, appelé gras de «mouille», et ils le blanchissent de la même façon.

VINS CONSEILLÉS

Choisir des vins blancs aux arômes de fruits secs, dotés d'une bonne acidité, tempérée par une certaine souplesse. Le Fiano di Avellino (Campanie), fleurant la noisette, un Vernaccia di San Gimignano (Toscane) ou un Cassis (vin blanc de Provence) aux senteurs d'amande joueront en parfaite harmonie.

Terrine de mousse de foie aux amandes et aux herbes de Provence

POUR 8 À 10 PERSONNES

500 ml (2 tasses) de lait
125 ml (½ tasse) de gras de porc, pris dans la barde
500 g (1¼ lb) de foie de porc, nettoyé
3 œufs
75 ml (5 c. à soupe) de crème épaisse (crème à 35 %)
30 ml (2 c. à soupe) de cognac
2 ml (½ c. à thé) de muscade
sel et poivre au goût
30 ml (2 c. à soupe) d'amandes blanches, émondées
5 ml (1 c. à thé) d'herbes de Provence, séchées

Chauffer le lait et y faire blanchir de petits cubes de gras de porc pendant 4 à 5 minutes. Retirer et égoutter. Passer le gras au robot avec le foie pour obtenir une purée lisse. Ajouter les œufs, la crème et le cognac. Verser la muscade, saler et poivrer. Garnir un moule de céramique ou de fonte de cette préparation, puis disposer sur le dessus les amandes effilées ou en morceaux, et les herbes de Provence.

Mettre le moule dans un bain-marie et faire cuire au four pendant une heure trois quarts à deux heures, à 180 à 190°C (350 à 375°F). Laisser reposer trois heures avant de réfrigérer pour au moins vingt-quatre heures.

À l'ancienne
Ah mes aïeux!

À la cour du Roi Lion, il y eut grand procès

Pour décider du sort qu'au Loup on ferait

Faute humaine, il a mangé mère-grand et chaperon

Mais son cœur et son ventre ont préféré les trois petits cochons.

Jarret (jambonneau)

CROQUE-NOTE

Le jarret ou jambonneau doit absolument être bien cuit. On peut aussi le servir froid.

VINS CONSEILLÉS

On ne se pose pas trop de questions sur ce bouilli, lequel, pour être apprécié à sa juste valeur, ne demandera qu'à se faire accompagner d'un vin rouge simple et gouleyant à souhait. Servir un Beaujolais ou un Bourgogne Passetougrain jeunes, entre 12 et 14 °C.

Bouilli de jarret de porc aux légumes

POUR 4 PERSONNES

2 jarrets de porc d'environ 1 kg (2¼ lb) chacun, avec os
1 chou pommé
2 poireaux
4 pommes de terre
6 carottes nouvelles
1 tête d'ail, entière
1 bouquet garni
sel au goût

À l'eau bouillante, blanchir les jarrets, 4 à 5 minutes, retirer l'eau, puis ajouter tous les légumes lavés et l'ail épluché, en gousses. Mouiller de 4 litres (16 tasses) d'eau, pour bien couvrir les légumes. Ajouter le bouquet garni et saler. Cuire à couvert pendant une heure et demie à deux heures. Retirer les légumes et continuer la cuisson pendant 15 à 20 minutes, à découvert. Découper les jarrets en morceaux, les mettre dans l'assiette avec les légumes et mouiller généreusement de bouillon. Servir avec de la moutarde, du gros sel ou du raifort.

Cocotte de cubes de porc
à la bière et au céleri

POUR 4 PERSONNES

45 ml (3 c. à soupe) d'huile végétale
450 g (1 lb) de cubes de porc
1 oignon émincé
4 abricots secs, coupés en deux
1 pied de céleri, coupé en morceaux de 2 à 3 cm (1 à 1¼ po) de longueur
1 gousse d'ail, sans le germe, hachée finement
2 feuilles de laurier
4 clous de girofle
1 bouquet garni
500 ml (2 tasses) de bière
500 ml (2 tasses) de bouillon de volaille
sel et poivre au goût

Faire chauffer l'huile végétale dans une poêle et y faire revenir les cubes de porc, 2 à 3 minutes, jusqu'à coloration. Les dresser dans un plat à four. Ajouter l'oignon, les abricots, le céleri, l'ail, les feuilles de laurier, les clous de girofle et le bouquet garni. Bien mélanger. Mouiller de bière et de bouillon. Cuire au four à 150°C (300°F) et laisser mijoter à couvert, au bain-marie, pendant deux heures. Une demi-heure avant la fin de la cuisson, monter le feu à 180°C (350°F) et retirer le couvercle pour faire gratiner. Saler et poivrer en fin de cuisson, si nécessaire. Servir tel quel ou avec des pommes de terre au four et des quartiers de légumes.

Cubes à brochettes

CROQUE-NOTE

La bière est peut-être la boisson qui convient le mieux aux cuissons du porc. On peut même utiliser des bières brunes.

VINS CONSEILLÉS

Une fois n'est pas coutume, mais une bonne bière rousse du Québec pour accompagner cette préparation d'automne, mijotée à la bière, comblera d'aise tous les copains invités à une soirée sans façon.

Côtelettes braisées au chou et aux abricots secs

POUR 4 PERSONNES

45 ml (3 c. à soupe) de beurre
4 côtelettes de 4 cm (1½ po) d'épaisseur
45 ml (3 c. à soupe) d'huile végétale
1 oignon émincé
1 chou pommé, coupé en six
12 abricots secs
2 gousses d'ail, sans le germe, hachées
sel et poivre au goût
125 ml (½ tasse) de jus d'orange

Faire fondre le beurre dans une poêle, y faire revenir les côtelettes, à feu doux, 3 minutes de chaque côté. Réserver. Dans un grand faitout, faire chauffer l'huile, puis y faire revenir l'oignon jusqu'à coloration, pendant 4 à 5 minutes. Ajouter le chou, les abricots et les côtelettes. Ajouter l'ail haché, saler, poivrer et verser le jus d'orange. Compléter avec 500 ml (2 tasses) d'eau, couvrir et cuire au four, à 190°C (375°F), pendant 45 minutes. Réduire le feu à 150°C (300°F), puis retirer le couvercle et laisser cuire encore 30 minutes. Servir dans la casserole avec le chou et les abricots. On peut également réduire le jus, mais c'est délicieux ainsi.

Crépinettes à la bière et aux oignons

POUR 4 PERSONNES

450 g (1 lb) de porc haché
45 ml (3 c. à soupe) de sauce Diana* épicée
2 ml (½ c. à thé) d'estragon séché
15 ml (1 c. à soupe) de sauce Worcestershire
30 ml (2 c. à soupe) de moutarde provençale
sel et poivre au goût
1 crépine** de porc
45 ml (3 c. à soupe) d'huile d'olive
2 oignons émincés
45 ml (3 c. à soupe) de vinaigre de vin
125 ml (½ tasse) de fond de veau lié ou de bœuf épaissi
250 ml (1 tasse) de bière
sel et poivre au goût
15 ml (1 c. à soupe) de ciboulette hachée

Mélanger le porc haché avec la sauce Diana, l'estragon, la sauce Worcestershire et la moutarde. Saler et poivrer. Confectionner des boulettes de porc et les envelopper de crépine. Les faire cuire dans une poêle en téflon, 3 à 4 minutes de chaque côté. Les mettre ensuite au four, sur une plaque, pendant 5 minutes, à 150°C (300°F). Dans une poêle, faire chauffer l'huile d'olive, y ajouter les oignons et les laisser 4 à 5 minutes, pour leur faire prendre coloration. Ajouter le vinaigre de vin, laisser cuire 2 minutes, puis verser le fond de veau et la bière. Laisser cuire de nouveau, 3 à 4 minutes. Saler et poivrer. Napper les assiettes de sauce, y dresser les crépinettes et parsemer de ciboulette hachée.

*Voir lexique.
** Avant d'utiliser la crépine, vous devez la faire tremper 30 minutes à l'eau froide.

Porc haché et crépine

CROQUE-NOTE

Vous devez commander la crépine ou la coiffe chez votre boucher, environ une semaine à l'avance. À défaut de crépine, vous pouvez envelopper la farce dans une feuille de chou blanchie ou dans des feuilles d'épinard ou de laitue.

CROQUE-NOTE

Les cretons sont un dérivé des rillettes, lesquelles contiennent des morceaux de viande.

VINS CONSEILLÉS

À cause de leur souple texture, les cretons se sont toujours bien entendus avec des vins blancs secs et demi-secs, souvent à base de Chenin blanc, cépage de l'Anjou et de Touraine. Aussi, pourra-t-on choisir un Anjou ou un Vouvray. Dans le même registre, en moins cher et moins fin, pourquoi pas un Steen d'Afrique du Sud?

* Ou bajoue (gorge) ou flanc (poitrine) que vous hachez vous-même.

Cretons à la ciboulette à l'ancienne

POUR 4 PERSONNES

45 ml (3 c. à soupe) de saindoux
1 oignon haché finement
1 échalote sèche, hachée finement
1 kg (2¼ lb) de porc haché
2 ml (½ c. à thé) de muscade moulue
1 ml (¼ c. à thé) de clou de girofle moulu
2 ml (½ c. à thé) de coriandre séchée, moulue
2 gousses d'ail, sans le germe, hachées finement
60 ml (4 c. à soupe) de gin
30 ml (2 c. à soupe) de ciboulette hachée
sel et poivre au goût

Dans une grande casserole, faire fondre le saindoux, puis y faire revenir l'oignon et l'échalote sèche pendant 3 minutes. Ajouter le porc haché, bien mélanger et faire cuire pendant 3 à 4 minutes, à feu moyen. Ajouter la muscade, le clou de girofle, la coriandre et l'ail haché. Bien remuer et cuire de nouveau pendant 3 minutes. Faire cuire à couvert, à feu très doux, pendant 45 minutes. Égoutter et réserver le gras de cuisson. Hors du feu, battre la farce avec une fourchette. Incorporer le tiers du gras à la farce, ajouter le gin et mettre le reste du gras au frais. Incorporer, 30 minutes plus tard, le reste du gras et la ciboulette. Saler et poivrer. Disposer le mélange dans une terrine et conserver au réfrigérateur.

Les cretons peuvent se garder congelés et se conserver ainsi plusieurs semaines.

Épaule de porc à l'os, sauce à la citrouille et aux ananas

POUR 4 PERSONNES

1 épaule d'environ 1,5 kg (3¼ lb), avec os
60 ml (4 c. à soupe) de moutarde
30 ml (2 c. à soupe) de pesto
sel et poivre au goût
60 ml (4 c. à soupe) de chapelure
1 petite citrouille en cubes
500 ml (2 tasses) de jus d'orange
15 ml (1 c. à soupe) de gingembre en poudre
30 ml (2 c. à soupe) de cassonade
125 ml (½ tasse) de fond de veau ou de bœuf épaissi
4 tranches d'ananas frais

Badigeonner l'épaule de moutarde, puis de pesto, saler, poivrer et saupoudrer de chapelure. Mettre l'épaule dans un plat à four, avec les cubes de citrouille autour. Mouiller de jus d'orange, ajouter le gingembre et cuire au four, à couvert, pendant une heure et quart à une heure et demie, à 180°C (350°F). Retirer le couvercle et poursuivre la cuisson à 190°C (375°F) pendant 3 à 4 minutes, pour que le porc prenne coloration. Retirer l'épaule et la conserver au chaud, dans un linge ou dans un papier d'aluminium. Réduire le jus de cuisson et ajouter la cassonade. Ajouter le fond de veau ou de boeuf et laisser cuire 2 à 3 minutes. Faire rôtir les tranches d'ananas dans une poêle en téflon, 2 à 3 minutes de chaque côté. En principe, le sucre des ananas suffit pour faire prendre coloration, mais vous pouvez ajouter un peu de gras au fond de votre poêle. Retirer ensuite les ananas, les disposer autour du plat de service, verser la sauce et dresser l'épaule de porc.

Épaule

CROQUE-NOTE

*L'épaule est une partie très savoureuse.
On la cuit avec l'os.*

VINS CONSEILLÉS

Citrouille et ananas se conjuguent bien, pour mettre en relief ce plat, soutenu par un vin blanc souple aux arômes de fruits quelque peu exotiques. Chardonnay et Sauvignon d'Australie seront servis entre 8 et 10°C.

Porc haché

CROQUE-NOTE

*Cette recette donne
8 à 10 galettes.
Confectionnez des galettes
de la grosseur d'une crêpe
pour pouvoir les garnir de
farce.*

VINS CONSEILLÉS

*Il n'a jamais été facile de
marier un vin aux épinards,
à cause de leur saveur
particulière et de leur
acidité élevée.
Mais galettes, fromage et
autres ingrédients dominent
bien l'ensemble pour
permettre à un vin blanc
simple, à base de Sauvignon
et aux arômes végétaux,
de jouer sa partition.
Servir entre 8 et 10°C.*

Galettes de sarrasin au porc haché et aux épinards

POUR 4 À 6 PERSONNES

Galettes de sarrasin
125 ml (½ tasse) de farine de sarrasin
1 œuf
2 ml (½ c. à thé) de sel
75 ml (5 c. à soupe) de lait ou d'eau
15 ml (1 c. à soupe) d'huile d'olive

45 ml (3 c. à soupe) d'huile végétale
2 échalotes sèches, hachées
350 g (¾ lb) de porc haché
sel et poivre au goût

30 ml (2 c. à soupe) de
pâte de tomate
1 œuf
30 ml (2 c. à soupe) de beurre
150 g (5 oz) d'épinard
2 ml (½ c. à thé) de muscade
¼ gousse d'ail, sans le germe, hachée
8 galettes
500 ml (2 tasses) de sauce béchamel
8 tranches de cheddar, de gruyère
ou de parmesan

Faire une fontaine avec la farine, puis mélanger la farine avec l'œuf et le sel. Ajouter progressivement le lait ou l'eau, puis l'huile d'olive. Laisser reposer la pâte 20 minutes au réfrigérateur avant de cuire, dans une poêle en téflon, des galettes fines.

Dans une casserole, faire chauffer l'huile végétale, puis y faire revenir les échalotes, 2 à 3 minutes. Ajouter le porc haché et cuire 2 à 3 minutes. Saler et poivrer. Hors du feu, ajouter la pâte de tomate. Mélanger avec l'œuf et réserver. Faire fondre le beurre, puis y faire revenir les épinards, la muscade et l'ail. Mélanger les épinards avec la farce de porc. Étaler les galettes et garnir le centre de farce, puis replier les côtés avant de les retourner en plaçant le joint dessous. Disposer les galettes farcies dans un plat à four, ajouter la sauce béchamel tout autour et le fromage sur le dessus. Faire gratiner ainsi, 2 à 3 minutes, et servir bien chaud.

Graillons de porc confit

POUR 4 PERSONNES

450 g (1 lb) de flanc de porc ou de poitrine, coupé en cubes
2 ml (½ c. à thé) de muscade râpée
2 ml (½ c. à thé) de cannelle moulue
2 ml (½ c. à thé) de thym séché
sel et poivre au goût
250 ml (1 tasse) de saindoux
4 échalotes sèches, entières
1 gousse d'ail, entière
125 ml (½ tasse) de vin blanc sec

Mélanger les cubes de porc avec la muscade, la cannelle et le thym. Saler et poivrer. Laisser au réfrigérateur pendant 30 minutes. Dans une casserole, faire chauffer le saindoux, y ajouter les cubes de porc et les faire rôtir 4 à 5 minutes, à feu moyen. Baisser le feu de moitié et ajouter les échalotes et l'ail. Verser le vin blanc. À couvert, laisser cuire à feu très doux, pendant 45 minutes à une heure. Remuer souvent. Laisser cuire, à découvert, pendant encore 20 minutes, à feu très doux. Arrêter le feu, remettre le couvercle et laisser reposer pendant deux heures. Rallumer le feu et cuire 15 à 20 minutes, à couvert. Éteindre le feu et laisser reposer de nouveau, à couvert, 15 à 20 minutes. Pour la présentation, enfiler les cubes sur des pics à brochettes. Servir avec une salade ou avec de la ciboulette.

Flanc (poitrine)

CROQUE-NOTE

Les graillons sont des morceaux de flanc ou de poitrine, confits dans le saindoux.

VINS CONSEILLÉS

Des vins blancs assez généreux et bien soutenus pour ces graillons à l'ancienne, accompagnés de bon pain de campagne. Restons dans la Vallée du Rhône en toute simplicité avec un Crozes-Hermitage ou son voisin d'en face, le Saint-Joseph (blancs, servis à 10°C).

Jambon fumé en croûte

1,3 kg (env. 3 lb) de jambon fumé, sans os	Sauce madère
1 paquet de pâte feuilletée de 500 g (env. 1 lb)	45 ml (3 c. à soupe) de beurre doux
1 jaune d'œuf	125 ml (½ tasse) d'échalote sèche, hachée
30 ml (2 c. à soupe) d'eau	125 ml (½ tasse) de madère ou de porto
45 ml (3 c. à soupe) de moutarde de Dijon	250 ml (1 tasse) de fond de veau lié
30 ml (2 c. à soupe) d'estragon frais, haché ou 15 ml (1 c. à soupe) d'estragon séché	60 ml (4 c. à soupe) de crème épaisse (crème à 35 %)
	sel et poivre au goût

CROQUE-NOTE

On peut servir ce jambon froid, lors d'un buffet; il faut alors en couper des tranches assez minces. On peut aussi ajouter, dans la sauce madère, des champignons en dés ou émincés.

VINS CONSEILLÉS

L'aspect poivré et parfois légèrement fumé de la Syrah soulignera cette préparation de porc savoureuse. Vin de Pays du Languedoc (cépage Syrah) et Shiraz d'Australie à prix modérés ou Crozes-Hermitage (Vallée du Rhône) enchanteront les convives. Servir à 16°C environ.

Faire bouillir le jambon fumé pendant une heure et demie à deux heures, juste pour le dessaler, puis le refroidir. Étaler la pâte feuilletée avec un rouleau de façon à obtenir une feuille d'environ 1,5 cm (¾ po) d'épaisseur. Centrer le jambon au milieu de la feuille, puis badigeonner le tour de la pâte avec le jaune d'œuf battu dans l'eau. Masquer le dessus du jambon avec la moutarde et l'estragon haché. Envelopper le jambon dans la pâte, de façon à l'emprisonner complètement. Mettre la couture de la pâte en dessous, badigeonner la pâte de jaune d'œuf, puis y appliquer les découpes de pâte pour décorer. Disposer le jambon sur une plaque à four. Cuire au four à 180°C (350°F) pendant 25 à 30 minutes.

Pendant ce temps, préparer la sauce madère comme suit: faire fondre le beurre dans une casserole. Ajouter les échalotes hachées et cuire doucement, 4 à 5 minutes. Mouiller de madère (à défaut, de porto) et laisser cuire de nouveau 2 à 3 minutes. Ajouter le fond de veau lié. Ajouter la crème, porter à ébullition, saler et poivrer. Sortir le jambon du four, en découper des tranches et verser la sauce tout autour. Ce jambon peut être accompagné de petites pommes de terre nouvelles, de riz, de nouilles ou de pâtes fraîches.

Omelette à la paysanne

Pour 4 personnes

3 tranches de bacon ou de pancetta en dés
45 ml (3 c. à soupe) de beurre
60 ml (4 c. à soupe) d'oignon émincé
150 g (5 oz) de porc haché, maigre
1 pomme de terre en dés, précuite et épluchée
30 ml (2 c. à soupe) de persil frais, haché
sel et poivre au goût
15 ml (1 c. à soupe) d'huile végétale
10 œufs moyens
parmesan râpé, au goût (facultatif)

Faire blanchir le bacon ou la pancetta à l'eau bouillante pendant 3 minutes, puis égoutter et réserver. Faire fondre le beurre dans une casserole, ajouter l'oignon et le faire revenir 3 à 4 minutes. Ajouter le porc haché, remuer et laisser le tout dans la casserole 4 à 5 minutes. Ajouter la pomme de terre, le persil haché, saler et poivrer. Cuire 2 à 3 minutes et réserver. Chauffer l'huile végétale dans une poêle en téflon. Battre les œufs et les verser dans la poêle. Lorsque l'omelette est presque prise, la farcir et la retourner délicatement pour former un sandwich où la farce est au centre. Disposer l'omelette sur un plat de service. Cette omelette peut être servie avec du fromage parmesan, si désiré.

On peut manger cette omelette froide, assaisonnée d'un filet de vinaigre balsamique et accompagnée d'une salade verte.

Porc haché

CROQUE-NOTE

Vous pouvez aussi garnir cette omelette de jambon ou de morceaux de languettes, cuites au préalable.

Porc haché

Croque-Note

Un classique de la cuisine, communément appelé hachis parmentier.

Vins conseillés

Avec ce plat à l'ancienne, pratique et ô combien populaire, les vins rouges légers, souples et sans tanins relèvent assez bien le défi... si défi il y a! Choisir des Gamay de Touraine ou du Beaujolais et des Merlot de Bulgarie ou d'Italie, à la condition expresse de les servir assez frais (12 à 14°C).

Pâté chinois au porc

POUR 8 À 10 PERSONNES

6 pommes de terre
45 ml (3 c. à soupe) de crème épaisse (crème à 35 %)
1 jaune d'œuf
45 ml (3 c. à soupe) de beurre
45 ml (3 c. à soupe) d'huile végétale
2 oignons émincés
450 g (1 lb) de porc haché, maigre
1 gousse d'ail, sans le germe, hachée
2 ml (½ c. à thé) d'origan
2 ml (½ c. à thé) de thym frais
sel et poivre au goût
1 boîte de maïs en grains de 341 ml (12 oz)
1 boîte de maïs en crème de 341 ml (12 oz)
6 tranches de mozzarella

Éplucher les pommes de terre, les couper en cubes et les faire cuire à l'eau bouillante salée pendant 20 minutes. Écraser les pommes de terre et les mélanger à la crème, au jaune d'œuf et au beurre. Réserver. Dans une poêle, faire chauffer l'huile végétale et y faire revenir les oignons, puis le porc haché, 4 à 5 minutes. Ajouter l'ail, l'origan et le thym. Saler et poivrer. Réserver.

Mélanger le maïs en grains et le maïs en crème. Mettre au fond d'un gros plat à four une première couche de pommes de terre, puis mettre une couche de maïs et une couche de porc haché, puis recommencer, en terminant par les pommes de terre. Ajouter sur le dessus les tranches de mozzarella. Cuire au four 25 à 30 minutes, à 150°C (300°F).

Petites saucisses en coiffe au poivre rose

POUR 4 PERSONNES

1 kg (2 ¼ lb) de porc haché, maigre
60 ml (4 c. à soupe) de cubes de cheddar doux
30 ml (2 c. à soupe) de moutarde au miel
15 ml (1 c. à soupe) de poivre rose, séché
30 ml (2 c. à soupe) de ciboulette hachée
sel et poivre au goût
1 coiffe ou crépine* de porc
45 ml (3 c. à soupe) de beurre
1 échalote sèche, hachée
125 ml (½ tasse) de sauce demi-glace** ou de fond de veau lié
30 ml (2 c. à soupe) de sauce tomate ou de ketchup

Dans un saladier, mélanger le porc haché, le cheddar doux, la moutarde au miel ainsi que le poivre rose et la ciboulette. Saler et poivrer. Confectionner de petites boulettes égales. Étaler soigneusement la coiffe ou crépine et envelopper bien hermétiquement chaque boulette de coiffe. Faire chauffer le beurre dans une poêle et y faire cuire doucement les boulettes, pendant 3 minutes de chaque côté. Mettre ensuite les boulettes au four, sur une plaque, à 150 à 160°C (300 à 325°F), 4 à 5 minutes de chaque côté. Faire revenir l'échalote dans la poêle ayant servi à la cuisson des boulettes. Ajouter la sauce demi-glace ou le fond de veau. Mélanger avec la sauce tomate ou le ketchup, puis saler et poivrer, si nécessaire. Napper de sauce le fond des assiettes et y dresser les boulettes qui viennent tout juste de sortir du four. On peut accompagner ce plat de petites pommes de terre nouvelles, rissolées.

*Avant d'utiliser la coiffe ou crépine, vous devez la faire tremper 30 minutes à l'eau froide.
**Voir lexique.

Porc haché et crépine

CROQUE-NOTE

Vous devez commander la coiffe chez votre boucher, environ une semaine à l'avance.

VINS CONSEILLÉS

Des vins rouges très souples et légers donneront la repartie à ces petites saucisses aux saveurs très douces. Un Bardolino (Vénétie) fringant, un Côtes du Ventoux (Sud-Est) ou un Gamay de Touraine, servis légèrement rafraîchis (14°C) feront l'affaire à coup sûr!

Pieds

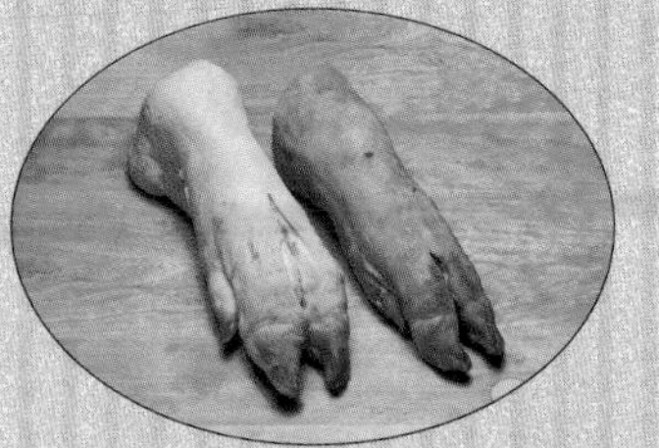

Croque-Note

Pour vous faciliter la tâche, demandez à votre boucher de fendre les pieds en deux, dans le sens de la longueur.

Vins conseillés

La cuisson de ces pieds de porc chaussés de chapelure donne à la viande une texture qui sera rehaussée par des vins blancs secs et fruités, mais de bonne acidité. On pourra choisir des vins d'Alsace (Sylvaner ou Pinot blanc) ou un fringant Sauvignon du Chili. Servir entre 8 et 10°C.

Pieds de porc panés

Pour 4 personnes

1 oignon
1 carotte
2 branches de thym
2 feuilles de laurier
1 branche de céleri
3 ou 4 clous de girofle
4 baies de genièvre
5 litres (20 tasses) d'eau
sel et poivre au goût
1 gousse d'ail, sans le germe, écrasée
4 pattes de porc entières (pied avec ergot)

45 ml (3 c. à soupe) de saindoux ou de lard
125 ml (½ tasse) de chapelure de pain
30 ml (2 c. à soupe) de persil frais, haché

Éplucher l'oignon et la carotte, puis les couper en morceaux. Les disposer dans un chaudron. Ajouter le thym, les feuilles de laurier, la branche de céleri, les clous de girofle, les baies de genièvre et l'eau. Saler, poivrer et ajouter la gousse d'ail. Bien laver les pieds de porc et les disposer à l'intérieur du chaudron. Cuire le tout pendant deux heures et demie à trois heures pour bien cuire les pieds de porc. Rajouter de l'eau en cours de cuisson, afin que les pieds soient toujours recouverts.

Lorsque les pieds sont cuits et refroidis, les couper en deux dans le sens de la longueur, puis les badigeonner de saindoux ou de lard. Mélanger la chapelure avec le persil. Masquer complètement les pieds avec la chapelure persillée. Disposer dans un plat à four pour gratiner, pendant 30 minutes, à 150°C (300°F). Servir tel quel.

Les pieds panés ne peuvent pas se manger froids. Si on veut les réchauffer, le faire au four très doucement ou encore au four à micro-ondes, 3 à 4 minutes.

Queues de porc à l'ancienne

POUR 4 PERSONNES

30 ml (2 c. à soupe) d'huile végétale
3 oignons hachés
45 ml (3 c. à soupe) de pâte de tomate
12 queues de porc, fraîches
2 branches de céleri, en dés
2 poireaux émincés
1 gousse d'ail, sans le germe, écrasée
5 ml (1 c. à thé) d'origan
250 ml (1 tasse) de vin blanc sec
500 ml (2 tasses) de bouillon de votre choix
5 ml (1 c. à thé) de quatre-épices
1 tomate en dés
sel et poivre au goût

Chauffer l'huile dans un chaudron en fonte et y faire sauter les oignons, pendant 3 à 4 minutes. Ajouter successivement la pâte de tomate, les queues de porc, le céleri, les poireaux, l'ail et l'origan. Mouiller de vin blanc et de bouillon. Ajouter le quatre-épices, la tomate en dés, saler et poivrer. Verser ensuite de l'eau pour bien couvrir. Mettre le couvercle et cuire au four à 190°C (375°F), pendant une heure et quart. Retirer le chaudron du four, puis mettre directement sur le feu, à découvert. Laisser évaporer progressivement le bouillon de cuisson de façon qu'il en reste juste assez pour servir avec les queues. Compter environ deux heures à deux heures et quart de cuisson, au total. Servir les queues de porc bien mouillées de bouillon dans des assiettes creuses. Les queues peuvent être consommées nature, avec des pommes de terre au four, des carottes ou du chou braisé.

Queues

CROQUE-NOTE

Si vous souhaitez gratiner les queues de porc: disposer les queues de porc dans un plat à four légèrement badigeonné d'huile d'olive. Saupoudrer de chapelure mélangée d'herbes et d'ail haché. Faire gratiner au four 5 à 6 minutes à 220°C (425°F). Il ne faut pas mettre le plat à broil pour faire gratiner cette recette.

VINS CONSEILLÉS

La tomate et beaucoup d'aromates dans cette recette rurale incitent à choisir des vins de terroir, assez généreux, aux arômes de fruits, de vanille et d'épices. Penser, entre autres, aux Coteaux du Languedoc, de La Clape ou de Pic Saint-Loup.

On peut utiliser le bouillon comme base de soupe ou de potage, ou encore pour faire un fond avec des légumes.

VINS CONSEILLÉS

Un vin rouge assez corsé, aux tanins bien présents, saura tenir tête à ce plat hivernal, riche en saveurs. Pécharmant, Marcillac et Côtes du Marmandais (Sud-Ouest) vous offrent un choix quelque peu rustique, mais bien sympathique. Le Fitou (Languedoc) sera également apprécié.

Ragoût d'hiver aux patates et au porc

POUR 4 PERSONNES

1,8 kg (4 lb) de jarrets de porc pour ragoût de pattes
1 oignon
1 carotte en morceaux
1 branche de céleri
1 tomate écrasée
1 bouquet garni
1,5 litre (6 tasses) de bouillon de bœuf
sel et poivre au goût
15 ml (1 c. à soupe) de pâte de tomate
125 ml (½ tasse) de farine
8 pommes de terre
30 ml (2 c. à soupe) de persil frais, haché

Mettre les jarrets dans un grand faitout et les blanchir pendant 2 à 3 minutes. Retirer l'eau et remettre les jarrets à cuire avec l'oignon, la carotte, la branche de céleri, la tomate et le bouquet garni. Mouiller de bouillon, saler, poivrer et ajouter la pâte de tomate. Cuire, à feu moyen, pendant deux heures. Dégraisser les jarrets en partie, en retirer la peau, mais laisser la viande attachée à l'os. Délayer la farine petit à petit avec du bouillon jusqu'à l'obtention d'une pâte crémeuse. Ajouter cette pâte au bouillon pour l'épaissir. Éplucher les pommes de terre, les couper en deux et les cuire dans le bouillon 20 à 30 minutes, à feu moyen. Répartir les jarrets dans des assiettes et disposer les patates autour. Servir avec le bouillon, le persil haché et les pommes de terre.

Rôti de porc braisé aux trois heures

POUR 6 À 8 PERSONNES

45 ml (3 c. à soupe) de beurre
1 oignon émincé
1,5 kg (3¼ lb) de rôti de porc dans la longe ou dans l'épaule
sel et poivre au goût
½ citrouille coupée en morceaux
12 champignons entiers ou émincés
4 gousses d'ail, entières
10 petits oignons de semence
2 tomates fraîches, écrasées
30 ml (2 c. à soupe) de persil frais, haché
1 litre (4 tasses) de bouillon de bœuf ou de volaille
30 ml (2 c. à soupe) d'oignon vert, haché

Faire chauffer le beurre sur une plaque à rôtir, puis y faire revenir l'oignon 1 à 2 minutes, jusqu'à coloration. Faire colorer le rôti sur toutes ses faces, saler et poivrer. Ajouter la citrouille, les champignons, l'ail, les petits oignons, les tomates et le persil. Mouiller de bouillon et cuire au four à 180°C (350°F) pendant une heure, à couvert. Baisser la température du four à 120°C (250°F), puis saler et poivrer de nouveau, si nécessaire. Cuire une heure, puis réduire la température à 80°C (175°F). Cuire, à découvert, encore une heure. Retirer le rôti après ces trois heures de cuisson, servir dans un plat avec la garniture et l'oignon vert émincé, tout autour. Ce rôti peut être servi avec de petites pommes de terre sautées ou un plat de légumes frais.

Rôti de pointe de surlonge, désossé (noix)*

CROQUE-NOTE

Ce plat mijoté longtemps est originaire de la cuisine louisianaise ou cajun. Il doit presque se manger «à la cuillère».

VINS CONSEILLÉS

Des vins rouges souples ou des rosés secs bien soutenus accompagneront à merveille ce rôti de porc d'inspiration cajun. Choisir en Vallée du Rhône parmi les Côtes du Ventoux, les Coteaux du Tricastin rouges et rosés et le Tavel. On peut penser aussi au Corbières rosé (Languedoc) ou à des vins Chiliens de la même couleur.

* Ou rôti de paleron, désossé ou rôti d'extérieur de ronde, désossé ou rôti de bout de côtes, désossé.

porc haché*

CROQUE-NOTE

Avant de cuire ces saucisses, qui peuvent être blanchies, on doit les piquer pour éviter qu'elles n'éclatent et les refroidir 30 minutes au réfrigérateur. Ces saucisses se congèlent très bien. Pour les cuire, il suffit de les griller à la poêle ou au four, et de les servir, accompagnées de la sauce de votre choix.

VINS CONSEILLÉS

Les tomates en tranches... et en sauce donneront de la couleur à cette préparation régionale, mise en valeur par des vins rouges charnus, mais fruités, aux accents quelque peu rustiques comme le Pécharmant (région de Bergerac) ou un Barbera d'Alba. Servir à 18°C.

* Ou bajoue (gorge) que vous hachez vous-même.

Saucisses de porc au fromage et aux tomates séchées

POUR 4 PERSONNES

450 g (1 lb) de porc haché, maigre
125 ml (½ tasse) de fromage cheddar, coupé très fin
3 tranches de tomate séchée, hachées très finement
1 œuf
1 gousse d'ail, sans le germe, hachée très finement
30 ml (2 c. à soupe) de persil frais, haché
1 ml (¼ c. à thé) de cannelle
1 ml (¼ c. à thé) de muscade
sel et poivre au goût
30 ml (2 c. à soupe) de sauce tomate
1,5 m (5 pi) de boyau* à saucisse de Toulouse

Bien mélanger tous les ingrédients, à l'exception du boyau et de la sauce tomate, pour obtenir une pâte bien lisse. Ajouter la sauce tomate et battre en mélange bien homogène. Enfiler le boyau sur le tube de l'entonnoir. Faire un nœud au bout. Garnir l'entonnoir de farce. Faire des saucisses d'environ 15 cm (6 po) de long. Les ficeler ou les attacher une à une.

*Vous devez commander le boyau pour saucisse de Toulouse chez votre boucher, environ une semaine à l'avance. Avant d'utiliser le boyau, vous devez le faire tremper 30 minutes à l'eau froide.

Cette recette de préparation crue vous permet de faire vos saucisses vous-même, puis de les apprêter selon la méthode de votre choix.

Tête fromagée à ma façon

POUR 6 À 8 PERSONNES

1 kg (2¼ lb) de tête de porc, de pattes, de bajoue ou de jarret,
ou encore le tout, mélangé
2 carottes épluchées, coupées
1 oignon
1 poireau
2 gousses d'ail, sans le germe, hachées
1 bouquet garni
sel et poivre au goût
1 ml (¼ c. à thé) de muscade (facultatif)
4 tiges d'oignon vert, ciselées ou hachées

Nettoyer les morceaux de porc, les disposer dans une grande casserole avec les carottes, l'oignon, le poireau, l'ail haché et le bouquet garni. Couvrir d'eau. Porter à ébullition et laisser cuire, à couvert, pendant au moins une heure et demie à deux heures. S'assurer que la chair se détache des os, puis la retirer en éliminant le surplus de gras. Découper la chair en morceaux, puis les disposer dans un saladier. Filtrer le bouillon et verser sur la viande. Saler et poivrer. Ajouter la muscade, si désiré, puis mouler le tout dans une terrine. Parsemer d'oignon vert ciselé ou haché et laisser prendre au réfrigérateur pendant au moins quatre heures.

On peut servir cette tête fromagée nature, avec une vinaigrette ou une sauce au yogourt. Pour avoir une consistance plus gélatineuse, ajouter un sachet de gélatine. En principe, la gélatine produite par la cuisson de la tête de porc suffit à donner la consistance voulue.

Bajoue (gorge)

CROQUE-NOTE

La tête fromagée est aussi appelée pâté de tête, fromage de tête ou encore pâté de museau.

Jambon

VINS CONSEILLÉS

Des vins blancs tendres, très légèrement parfumés, sauront jouer en souplesse avec cette onctueuse préparation. Chardonnay de l'île de Beauté (Corse), du Languedoc (Vin de Pays d'Oc) ou du Chili sauront tirer leur épingle du jeu. Les plus fortunés se procureront des Saint-Véran et autres Pouilly-Vinzelles (Bourgogne, région de Mâcon).

Tranches de jambon à l'os, sauce à la citrouille et aux poivrons jaunes

POUR 4 PERSONNES

4 tranches de jambon à l'os de 150 g (5 oz) chacune,
d'environ 1 cm (½ po) d'épaisseur
½ citrouille
1 poivron jaune
30 ml (2 c. à soupe) d'huile d'olive
sel et poivre au goût
60 ml (4 c. à soupe) de crème épaisse (crème à 35 %)
2 ml (½ c. à thé) de muscade
eau ou bouillon de volaille en quantité suffisante, si nécessaire
12 pois mange-tout
45 ml (3 c. à soupe) d'huile végétale

Disposer les tranches de jambon dans un couscoussier pour les réchauffer à la vapeur. Éplucher et couper la citrouille ainsi que le poivron en morceaux très fins. Dans une poêle, faire chauffer l'huile d'olive, puis y faire revenir la citrouille et le poivron jaune, 4 à 5 minutes. Saler et poivrer. Ajouter la crème et laisser cuire pendant 3 à 4 minutes. Passer le tout au robot, y ajouter la muscade et réserver. Si la sauce est trop épaisse, la détendre avec un peu d'eau ou de bouillon de volaille. Équeuter les pois mange-tout et les faire sauter dans l'huile végétale, 1 à 2 minutes. Napper de sauce le fond de l'assiette, puis ajouter le jambon et la garniture.

Petits farcis
Chouette alors!

Pour qu'un amour de cochon soit délectable

Sans cesse il faut qu'on le cuisine

La chose est grave et pourtant on s'y attable

Tant et si bien que mille farces lui arrangent la mine.

Côtelettes désossées pour farcir

VINS CONSEILLÉS

Le gingembre et les abricots se plairont en compagnie d'un vin blanc parfumé, sec mais bien soutenu, pour ne pas dire assez puissant. Choisir un Chardonnay (pas trop boisé) de Californie. Les amateurs suffisamment argentés pourront s'offrir un Châteauneuf du Pape blanc ou, mieux encore, l'incomparable Condrieu (Vallée du Rhône).

Côtelettes en portefeuille aux abricots acidulés

POUR 4 PERSONNES

6 abricots secs
1 pousse de gingembre entière
4 côtelettes ouvertes (style papillon)
45 ml (3 c. à soupe) d'huile végétale
sel et poivre au goût
45 ml (3 c. à soupe) de cassonade
2 échalotes sèches
125 ml (½ tasse) de fond de veau lié
30 ml (2 c. à soupe) de crème épaisse (crème à 35 %)
30 ml (2 c. à soupe) d'oignon vert, haché

Couper grossièrement les abricots secs, sans toutefois les hacher. Couper la pousse de gingembre en lamelles. Mélanger les abricots et le gingembre. Garnir l'intérieur des côtelettes d'une partie du mélange. Dans une poêle, faire chauffer l'huile végétale et y faire colorer les côtelettes, environ 2 à 3 minutes de chaque côté. Saler et poivrer. Déposer les côtelettes dans un plat à four. Ajouter la cassonade, remettre sur le feu et laisser prendre une couleur caramel. Ajouter les échalotes, puis le reste des abricots secs et du gingembre. Cuire 2 à 3 minutes.

Verser le fond de veau et la crème pour faire une sauce homogène, sur les côtelettes. Saler et poivrer. Mettre les côtelettes au four, à couvert, pendant 4 minutes, à 160°C (325°F). Napper de sauce le fond des assiettes, y ajouter les côtelettes, puis parsemer d'oignon vert. Servir avec des légumes ou des nouilles au beurre.

🦶 *Demander à votre boucher d'ouvrir des côtelettes de 2 à 3 cm (1 à 1¼ po) d'épaisseur en portefeuille, afin de pouvoir les farcir.*

Escargots de pâte, gratinés au porc

POUR 4 PERSONNES

225 g (½ lb) de pâtes en forme d'escargots ou de grosses pâtes
en forme de coudes
225 g (½ lb) de porc haché
4 tranches de tomate séchée, hachées
1 gousse d'ail, sans le germe, hachée très finement
60 ml (4 c. à soupe) de sauce Diana* épicée
30 ml (2 c. à soupe) de fromage taleggio, râpé
sel et poivre au goût

Sauce
45 ml (3 c. à soupe) d'huile d'olive
250 ml (1 tasse) de vin blanc sec
2 tomates italiennes
1 oignon
sel et poivre au goût
2 gousses d'ail, entières
6 feuilles de basilic, émincées

Cuire les pâtes à l'eau bouillante salée, 6 à 7 minutes, puis les rafraîchir à l'eau froide. Mélanger le porc, les tomates séchées, l'ail, la sauce Diana et le fromage. Saler et poivrer. Garnir les pâtes à l'aide d'une cuillère ou d'une poche à douille, puis les disposer dans un plat à four.

Sauce
Ajouter aux pâtes l'huile d'olive, le vin blanc, les tomates et l'oignon. Saler et poivrer. Ajouter les gousses d'ail, puis faire gratiner au four pendant 20 minutes, à 160°C (325°F). Sortir du four et parsemer de feuilles de basilic.

Voir lexique.

Porc haché

CROQUE-NOTE

Vous pouvez trouver le fromage taleggio dans les épiceries italiennes, mais vous pouvez aussi le remplacer par du fromage gruyère. Il est possible de farcir des cannellonis de la même façon.

VINS CONSEILLÉS

Des vins rouges italiens assez soutenus accompagneront cette recette à l'italienne, plutôt relevée. Le Cannonau di Sardegna (Grenache de Sardaigne) ou le traditionnel Chianti Classico, à l'acidité très présente et à la bonne structure tannique, séduiront les œnophiles gourmands.

Foie

CROQUE-NOTE

Vous devez commander la crépine ou coiffe chez votre boucher, environ une semaine à l'avance.

VINS CONSEILLÉS

La saveur naturelle du foie, les bulbes de fenouil et le vin entrant dans la préparation de ce plat sont autant d'arguments qui vous feront choisir un vin rouge aromatique aux légers accents d'épices, moyennement corsé et tout en fruit. Rioja Reserva (Espagne) ou Cabernet sauvignon & Shiraz d'Australie feront votre bonheur. Servir entre 16 et 18°C.

Foie farci en crépinette

POUR 6 À 8 PERSONNES

1 lobe de foie de porc, de 1 à 1,3 kg (2¼ à 3 lb) ou un foie entier
45 ml (3 c. à soupe) de beurre
125 ml (½ tasse) de champignons nettoyés et émincés
sel et poivre au goût
125 g (¼ lb) de porc haché
1 œuf
5 ml (1 c. à thé) de ciboulette hachée
1 crépine* de porc
30 ml (2 c. à soupe) d'huile d'olive
5 ml (1 c. à thé) de piment pili-pili ou de piment oiseau séché, haché
500 ml (2 tasses) de vin rouge
125 ml (½ tasse) de bouillon de volaille
2 bulbes de fenouil

Retirer la membrane qui enveloppe le foie ou demander à votre boucher de le faire. Pratiquer une large incision au milieu du foie. Faire fondre le beurre dans une poêle et y faire sauter les champignons, 2 à 3 minutes. Saler, poivrer et réserver. Dans un bol, mélanger le porc haché, les champignons et l'œuf. Ajouter la ciboulette, saler et poivrer. Garnir le centre du foie de cette farce. Emprisonner le foie dans la crépine.

Chauffer l'huile d'olive dans un plat à four, y faire revenir le foie pendant 1 à 2 minutes et parsemer de piment. Mouiller de vin rouge, que vous aurez chauffé et flambé pour en retirer l'alcool. Compléter avec le bouillon, puis ajouter le fenouil coupé en morceaux. Mettre au four et cuire à couvert pendant 30 minutes. Retirer le couvercle, saler, poivrer et laisser cuire encore 15 à 20 minutes. Servir tel quel avec le bouillon.

* Avant d'utiliser la crépine, vous devez la faire tremper 30 minutes à l'eau froide.

Paupiettes à la forestière

POUR 4 PERSONNES

8 petites paupiettes* farcies
sel et poivre au goût
45 ml (3 c. à soupe) de beurre
1 échalote sèche, hachée
1 casseau de champignons de Paris, nettoyés et coupés en morceaux
1 carotte épluchée et coupée en rondelles
45 ml (3 c. à soupe) de xérès ou de porto
5 ml (1 c. à thé) d'ail, sans le germe, haché
250 ml (1 tasse) de fond de veau lié ou épaissi
4 tiges d'oignon vert, ciselées

Saler et poivrer légèrement les paupiettes. Faire fondre le beurre dans une casserole et y faire revenir les paupiettes, 2 à 3 minutes de chaque côté. Ajouter l'échalote, les champignons et la carotte. Faire revenir le tout encore pendant 2 minutes, verser ensuite le xérès ou le porto. Ajouter l'ail haché et le fond de veau lié. Laisser cuire à couvert, à feu moyen, pendant environ 2 minutes. Retirer le couvercle, puis laisser cuire pour permettre une certaine évaporation de la sauce. Parsemer d'oignons verts. Disposer les tournedos dans un plat de service et napper de sauce.

* Vous pouvez acheter ces paupiettes chez votre boucher ou les confectionner vous-même avec des escalopes de porc, garnies d'une farce de porc haché, assaisonnée à votre goût.

Cette sauce peut aussi être crémée. Ajouter alors 45 ml (3 c. à soupe) de crème épaisse (crème à 35 %), puis saler et poivrer, si nécessaire, juste avant le service.

Paupiettes

CROQUE-NOTE

On trouve aussi des paupiettes entourées d'une bande de lard, ce qui évite le dessèchement à la cuisson.

VINS CONSEILLÉS

La farce, le xérès et les champignons sont des éléments qui donneront à cette recette une palette de saveurs digne d'un vin rouge soutenu, charnu, mais aux tanins discrets. Petite incursion dans le Sud-Ouest de la France avec un Gaillac, un Bergerac et un Buzet, servis à 15°C.

CROQUE-NOTE

*La citrouille et l'orange:
l'association parfaite pour
accompagner le porc.*

VINS CONSEILLÉS

*Avec ce plat farci aux
accents d'épices et
d'agrumes, le cépage
Riesling jouera en finesse
et en délicatesse.
Les amateurs de vins
d'Alsace comme ceux
d'Allemagne, plus
précisément de la Moselle,
sauront se faire plaisir.*

** Ou flanc (poitrine) que vous
hachez vous-même.*

Petite citrouille farcie au porc et au persil, sauce à l'orange

POUR 4 PERSONNES

1 petite citrouille
225 g (½ lb) de porc haché, maigre
60 ml (4 c. à soupe) de persil frais, haché
5 ml (1 c. à thé) de gingembre moulu
75 ml (5 c. à soupe) de jus de tomate
15 ml (1 c. à soupe) de cari jaune
sel et poivre au goût

Sauce à l'orange
60 ml (4 c. à soupe) de sucre
30 ml (2 c. à soupe) de vinaigre de vin
125 ml (½ tasse) de jus d'orange
60 ml (4 c. à soupe) de fond de veau ou de bouillon de bœuf ou de volaille
30 ml (2 c. à soupe) de fécule de maïs
sel et poivre au goût

Découper le chapeau de la citrouille et le conserver. À l'aide d'une cuillère, évider la citrouille en laissant une épaisseur de 1 cm (½ po). Dans un saladier, mélanger le porc, le persil, le gingembre, le jus de tomate et le cari. Saler et poivrer. Garnir la citrouille de cette farce et remettre le chapeau. Verser 125 ml (½ tasse) d'eau dans un plat allant au four, y déposer la citrouille et cuire pendant 35 à 40 minutes, à 160°C (325°F).

Sauce
Cuire le sucre et le vinaigre jusqu'à formation de caramel. Ajouter le jus d'orange et le fond de veau ou le bouillon, une fois le caramel blondi, puis bien mélanger. Laisser réduire de moitié. Délayer la fécule avec 30 ml (2 c. à soupe) d'eau. Verser dans la sauce, puis laisser épaissir jusqu'à consistance désirée. Saler et poivrer. Dresser la citrouille sur un plat de service et verser la sauce tout autour.

Petite pizza au porc haché, aux tomates et aux herbes

POUR 4 PERSONNES

45 ml (3 c. à soupe) d'huile végétale
4 croûtes à pizza de 15 cm (6 po)
30 ml (2 c. à soupe) d'huile d'olive
1 oignon haché très finement
1 poivron haché très finement
1 kg (2¼ lb) de porc haché, maigre
sel et poivre au goût
75 ml (5 c. à soupe) de sauce Diana* épicée
5 ml (1 c. à thé) d'ail, sans le germe, haché
5 ml (1 c. à thé) de sarriette
5 ml (1 c. à thé) d'origan
huile d'olive en quantité suffisante pour badigeonner les tomates
2 tomates fraîches
15 ml (1 c. à soupe) d'herbes de Provence, séchées
parmesan râpé, au goût (facultatif)

Badigeonner d'huile végétale les pâtes à pizza, puis réserver. Dans une casserole, chauffer l'huile d'olive. Y ajouter l'oignon et le poivron, puis les faire revenir, 2 à 3 minutes. Ajouter le porc haché et cuire 3 à 4 minutes, à feu moyen. Saler et poivrer. Verser la sauce Diana et ajouter l'ail haché. Ajouter la sarriette et l'origan, puis cuire à couvert, 15 à 20 minutes, à feu très doux. Couper les tomates en tranches, les badigeonner d'huile d'olive et les parsemer d'herbes de Provence. Laisser refroidir la sauce, en garnir copieusement le fond des croûtes à pizza, puis ajouter les tranches de tomate aux herbes. Mettre les pizzas sur une plaque à four et cuire à feu moyen, 7 à 10 minutes. On peut parsemer de parmesan râpé.

*Voir lexique.

PETITS FARCIS
189

Porc haché

CROQUE-NOTE

Vous pouvez aussi utiliser du flanc (poitrine) que vous hachez vous-même.

VINS CONSEILLÉS

Des vins simples, rouges ou rosés, mais suffisamment aromatiques pour résister aux saveurs apportées par la sauce et les condiments. Faugères et Saint-Chinian (Languedoc) feront l'affaire aussi bien qu'un Cannonau (Grenache de Sardaigne) pour le clin d'œil à l'Italie. Servir à 16°C environ.

Porc haché

CROQUE-NOTE

*Délicat à travailler,
mais tellement bon!*

VINS CONSEILLÉS

*Comme en Italie, c'est à
l'ombre d'une pergola
qu'on appréciera ces fleurs
de courgette, en partageant
un vin rouge plutôt léger,
tout en fruit
et en souplesse, tel que le
Merlot del Piave (Vénétie)
ou le tendre Dolcetto
d'Alba (Piémont).
Servir à 16°C.*

Petites fleurs de courgette farcies à la ricotta et aux tomates séchées

POUR 2 PERSONNES

150 g (5 oz) de porc haché, maigre
60 ml (4 c. à soupe) de ricotta
5 tranches de tomate séchée
1 pointe d'ail, sans le germe, hachée
15 ml (1 c. à soupe) de coriandre fraîche, hachée
45 ml (3 c. à soupe) de crème épaisse (crème à 35 %)
1 œuf
45 ml (3 c. à soupe) de xérès
sel et poivre au goût
6 fleurs de courgette
30 ml (2 c. à soupe) d'huile d'olive
1 paquet d'épinards de 284 g (10 oz)
500 ml (2 tasses) de bouillon de volaille

Faire une farce avec le porc haché et la ricotta. Ajouter deux des cinq tranches de tomate, l'ail, la coriandre, la crème, l'œuf et le xérès. Saler et poivrer. Nettoyer délicatement les fleurs de courgette, les ouvrir et les garnir de farce à l'aide d'une poche à douille ronde. Refermer les pétales. Chauffer l'huile d'olive et y faire revenir les épinards hachés pendant 1 minute. Ajouter le reste des tranches de tomate, coupées en lanières. Disposer les fleurs de courgette dans un plat à four, mouiller de bouillon et cuire, à couvert, 5 à 7 minutes, à four moyen, à 160 à 180°C (325 à 350°F). Dresser les fleurs de courgette sur les assiettes de service.

Petits farcis «cochon»

POUR 4 PERSONNES

350 g (¾ lb) de porc haché
1 tomate en dés
30 ml (2 c. à soupe) de sauce chili
1 échalote sèche, hachée
45 ml (3 c. à soupe) de persil frais
45 ml (3 c. à soupe) de basilic
sel et poivre au goût
2 courgettes moyennes
4 tomates moyennes
1 poivron coupé en deux, dans le sens de la longueur
45 ml (3 c. à soupe) d'huile d'olive
1 oignon émincé
4 tomates italiennes
1 gousse d'ail, sans le germe, hachée
5 ml (1 c. à thé) d'origan
15 ml (1 c. à soupe) de sucre
250 ml (1 tasse) de jus de tomate et palourdes (clamato)
sel et poivre au goût

Mélanger le porc avec la tomate, la sauce chili, l'échalote, le persil et le basilic. Saler et poivrer. À l'aide d'une cuillère à pomme parisienne ou à melon, évider les courgettes, de manière à former un bateau. De la même façon, retirer la chair au centre des tomates. Épépiner les poivrons.

Dans une casserole, faire chauffer l'huile, ajouter l'oignon et le faire revenir 3 minutes, à feu moyen. Ajouter les tomates grossièrement écrasées, l'ail, l'origan et cuire 2 à 3 minutes. Ajouter le sucre et le clamato. Saler et poivrer. Cuire lentement, à couvert, 15 à 20 minutes. Découvrir, réduire la sauce, puis la passer au robot. Réserver.

Garnir les légumes de farce, puis les déposer dans un plat à four assez haut. Réduire un peu la sauce pour lui donner une bonne consistance. Ajouter la sauce aux légumes, compléter avec 250 ml (1 tasse) d'eau, puis laisser cuire 15 à 20 minutes au four, à 180°C (350°F).

CROQUE-NOTE

Les courgettes et les poivrons peuvent être blanchis à l'eau bouillante pendant 1 minute.

VINS CONSEILLÉS

Harmonies de couleurs et de saveurs pour ces petits farcis appréciés avec des vins rosés secs et vifs ou des rouges tout en fruit, servis bien frais. Choisir parmi les rosés du Minervois, de Corbières et Côtes du Roussillon ainsi que les rouges de même appellation, issus de macération carbonique (fruités et plus légers).

* *Ou flanc (poitrine) que vous hachez vous-même.*

Porc haché

Poires farcies au porc haché

POUR 4 PERSONNES

8 poires Bosc ou Anjou
1 citron
225 g (½ lb) de porc haché, maigre
30 ml (2 c. à soupe) d'huile d'olive
1 œuf
60 ml (4 c. à soupe) de fromage cheddar râpé
1 gousse d'ail, sans le germe, hachée très finement
15 ml (1 c. à soupe) de ciboulette hachée

15 ml (1 c. à soupe) de gingembre râpé
1 tranche de tomate séchée et hachée très finement
45 ml (3 c. à soupe) de vinaigre balsamique
sel et poivre au goût
45 ml (3 c. à soupe) de jus d'orange
2 tomates fraîches en dés
125 ml (½ tasse) de crème épaisse (crème à 35 %)
2 ml (½ c. à thé) de muscade

Éplucher les poires et les frotter avec le citron pour éviter l'oxydation. Découper un chapeau dans la partie supérieure (queue) et vider l'intérieur à l'aide d'une cuillère à pomme parisienne (ou une cuillère à melon bien coupante), afin d'en retirer le centre et le cœur. Dans un récipient, mélanger le porc haché, l'huile d'olive et l'œuf. Ajouter le fromage, l'ail, la ciboulette, le gingembre, la tomate séchée, hachée et le vinaigre balsamique. Saler et poivrer légèrement. Garnir de ce mélange l'intérieur des poires et les disposer dans un récipient de céramique ou de verre à four. Ajouter 1 tasse (250 ml) d'eau et le jus d'orange. Cuire au four, à couvert, à 160°C (325°F), pendant 15 à 20 minutes. Retirer les poires et passer le jus de cuisson et les deux tomates fraîches, en dés, au robot culinaire. Mettre cette purée à chauffer dans une casserole avec la crème. Cuire 3 à 4 minutes pour faire épaissir la purée. Ajouter la muscade, puis saler et poivrer de nouveau, si nécessaire. Réchauffer les poires doucement, puis verser tout autour la sauce crème de tomate. Servir aussitôt.

Poitrine de porc farcie aux bleuets, sauce à la crème

POUR 6 PERSONNES

poitrine ou demi-flanc de porc, dégraissé, de 1,5 kg (3¼ lb)
45 ml (3 c. à soupe) de beurre
1 oignon haché
450 g (1 lb) de porc haché, maigre
1 gousse d'ail, sans le germe, hachée
sel et poivre au goût
1 œuf
½ casseau de bleuets
125 ml (½ tasse) de cidre
1 crépine de porc
15 ml (1 c. à soupe) d'herbes séchées
30 ml (2 c. à soupe) d'huile végétale
1 litre (4 tasses) de bouillon de volaille ou de bœuf

Sauce à la crème
1 échalote sèche, hachée
30 ml (2 c. à soupe) de beurre
45 ml (3 c. à soupe) de vermouth blanc Noilly Prat
125 ml (½ tasse) de crème épaisse (crème à 35 %)
250 ml (1 tasse) de fond de veau ou de bouillon de bœuf
15 ml (1 c. à soupe) de moutarde forte
sel et poivre au goût

Étaler la poitrine, puis en fendre les côtés en portefeuille. Chauffer le beurre et y cuire doucement l'oignon jusqu'à transparence, 4 à 5 minutes. Mettre l'oignon dans un bol et mélanger avec le porc haché et l'ail pour obtenir un mélange bien homogène. Saler et poivrer. Ajouter l'œuf, la moitié des bleuets et mouiller de cidre. Mettre la farce au milieu de la viande, puis enrouler la viande autour de la farce. Envelopper le tout de crépine et parsemer d'herbes séchées. Badigeonner une plaque à four d'huile végétale. Y faire revenir le porc jusqu'à coloration. Mouiller de bouillon. Mettre au four à 180°C (350°F), une heure trois quarts à deux heures, en arrosant souvent.

Sauce

Faire sauter l'échalote dans le beurre, sans coloration, 1 à 2 minutes. Ajouter le vermouth blanc et laisser réduire aux trois quarts, puis verser la crème et le fond de veau. Réduire de moitié. Mettre la moutarde forte, saler et poivrer. Ajouter, à la dernière minute, le reste des bleuets.

Découper le flanc en tranches et servir avec la sauce, accompagné de courgettes sautées ou de tout autre légume.

PETITS FARCIS

197

Poitrine désossée (flanc)

CROQUE-NOTE

Vous devez commander la crépine ou coiffe chez votre boucher, environ une semaine à l'avance.

Avant d'utiliser la crépine, vous devez la faire tremper 30 minutes à l'eau froide.

Si vous n'avez pas de crépine, ficeler le porc.

VINS CONSEILLÉS

La couleur des fruits, la crème et la texture de l'ensemble vous feront apprécier un vin rouge fruité, souple et charnu, comme un Merlot du Languedoc (Vin de Pays), du Frioul (Grave del Friuli, Colli Orientali del Friuli), un Rosso di Montalcino (Toscane) ou un tendre Cabernet sauvignon chilien de quelques années.

porc haché∗

Poivrons jaunes et rouges à la farce de thym frais

POUR 2 PERSONNES

125 ml (½ tasse) de porc haché
1 œuf
1 gousse d'ail, sans le germe, hachée très finement
1 tranche de tomate séchée, hachée très finement
2 ml (½ c. à thé) de thym frais
sel et poivre au goût
1 poivron jaune
1 poivron rouge
125 ml (½ tasse) de bouillon de volaille

Dans un saladier, mélanger le porc haché, l'œuf, la gousse d'ail, la tomate séchée et le thym frais. Saler et poivrer. Découper le haut des poivrons et vider l'intérieur des pépins. Garnir de farce, puis disposer dans un plat à four. Ajouter le bouillon de volaille et cuire à 190°C (375°F), 15 à 17 minutes. Éteindre le four et laisser reposer 5 minutes. Servir directement dans le bouillon.

Cuisine du monde

Olé!

Grand explorateur du monde et de ses palais

Pareil qu'en lui-même toujours il change de mets

D'Orient, il marie les épices; d'Occident, les sauces à son fumet

Il est partout Roi des cuisines et nous prend à ses filets.

Cubes de porc au caramel et aux nouilles chinoises

POUR 4 PERSONNES

1 paquet de 200 g (7 oz) de nouilles chinoises
45 ml (3 c. à soupe) d'huile végétale
450 g (1 lb) de cubes de porc dans la longe ou dans la pointe
125 ml (½ tasse) de sucre
60 ml (4 c. à soupe) de jus d'orange ou de jus de clémentine
45 ml (3 c. à soupe) de sauce aux huîtres chinoise
45 ml (3 c. à soupe) de vinaigre de riz
5 ml (1 c. à thé) de gingembre moulu
sel et poivre au goût
30 ml (2 c. à soupe) de persil frais, haché ou de coriandre fraîche

Faire bouillir de l'eau salée et cuire les nouilles chinoises, 2 à 3 minutes. Dans un wok, chauffer l'huile et y faire revenir les cubes de porc, 2 à 3 minutes, jusqu'à coloration. Retirer les cubes en les égouttant et éliminer le gras de cuisson.

Dans le même wok, cuire le sucre et le jus d'orange jusqu'à l'obtention d'un caramel pâle. Hors du feu, ajouter en remuant la sauce aux huîtres, le vinaigre de riz et le gingembre. Détendre le caramel avec 60 ml (4 c. à soupe) d'eau, s'il épaissit trop. Ajouter les cubes lorsque la sauce est onctueuse et lisse, puis cuire encore 2 à 3 minutes. Saler et poivrer. Jeter les nouilles précuites dans la sauce bien chaude, juste pour les réchauffer. Dresser les nouilles en nid, mettre les cubes de porc au centre, napper de sauce et parsemer de persil ou de coriandre.

Cubes à brochettes

CROQUE-NOTE

Le porc est une des viandes les plus utilisées dans la cuisine chinoise, sous toutes ses formes.

VINS CONSEILLÉS

Cette recette exotique, dans laquelle la sauce au caramel joue un rôle important, pourra être soulignée par un vin blanc demi-sec, non dépourvu d'acidité. Choisir parmi des vins allemands de la Moselle, du Rheingau et du Rheinpfalz, et servir bien frais (8°C).

Émincé de porc à la chinoise

POUR 4 PERSONNES

45 ml (3 c. à soupe) d'huile de soja
1 oignon émincé
4 courgettes (zucchinis) miniatures
16 pois mange-tout
1 tomate émincée
½ poivron vert, émincé
450 g (1 lb) de languettes de porc
60 ml (4 c. à soupe) de sauce aux huîtres chinoise
30 ml (2 c. à soupe) de vinaigre de riz
15 ml (1 c. à soupe) de sauce soja
5 ml (1 c. à thé) de gingembre râpé
30 ml (2 c. à soupe) de coriandre fraîche, hachée
1 ml (¼ c. à thé) de piment oiseau séché
sel (facultatif)

Nettoyer tous les légumes. Dans une poêle ou dans un wok, faire chauffer l'huile de soja et y faire revenir vivement tous les légumes, sauf le piment séché, pendant 2 minutes. Réserver les légumes. Faire revenir, sans gras, les morceaux de porc dans le même plat de cuisson, 2 à 3 minutes. Ajouter la sauce aux huîtres, le vinaigre de riz et la sauce soja. Laisser cuire pendant 2 minutes, à feu très doux. Remettre les légumes en cuisson, ajouter le gingembre et bien mélanger. Ajouter ensuite la coriandre et le piment séché. Saler, si désiré.

Fajitas en salsa

POUR 4 PERSONNES

45 ml (3 c. à soupe) d'huile d'olive
1 oignon émincé
1 poivron en dés
1 tomate en dés
1 gousse d'ail, sans le germe, hachée finement
60 ml (4 c. à soupe) de sauce chili
15 ml (1 c. à soupe) de sauce Worcestershire
2 ml (½ c. à thé) de sauce Tabasco
sel et poivre au goût
450 g (1 lb) de fines languettes de porc dans la longe ou dans la cuisse
30 ml (2 c. à soupe) d'huile végétale
8 galettes fajitas
8 feuilles de laitue, au choix
4 tomates émondées ou en conserve

Faire chauffer l'huile d'olive et y faire sauter l'oignon, le poivron et la tomate. Cuire 5 à 7 minutes, puis ajouter l'ail, la sauce chili, la sauce Worcestershire et la sauce Tabasco. Saler, poivrer, couvrir et laisser réduire, à feu doux, pendant 10 minutes. Retirer le couvercle et laisser réduire jusqu'à évaporation.

Saler et poivrer les languettes. Dans une poêle en téflon, faire chauffer l'huile végétale et y faire sauter les languettes, 2 à 3 minutes. Ajouter les languettes à la sauce, saler et poivrer de nouveau, si nécessaire, puis laisser tiédir. Confectionner des cônes avec les fajitas, joint dessous, et les remplir de mélange. Refermer et mettre à 190°C (375°F), 4 à 5 minutes, pour rendre les fajitas croustillantes. Ajouter les feuilles de laitue grossièrement ciselées et les tomates en dés.

CROQUE-NOTE

Vous pouvez couper les languettes encore plus finement.

VINS CONSEILLÉS

Des vins rouges généreux avec des arômes aux accents d'épices et légèrement boisés feront la fête à ces fajitas. Zinfandel (Californie), Cabernet sauvignon & Shiraz d'Australie, ainsi que certains Cabernet sauvignon du Chili apporteront à l'ensemble une pointe d'exotisme seyant à la recette.

Cubes à brochettes

VINS CONSEILLÉS

Les ingrédients de cette recette s'unissent pour former un ensemble onctueux à souhait, grâce à la sauce tamari et au miel. On retrouvera les amandes dans le nez d'un vin blanc sec et assez souple, comme un Vernaccia di San Gimignano (Toscane) ou un Fiano di Avellino (Campanie).

Fricassée à la sauce tamari et aux amandes

POUR 2 PERSONNES

30 ml (2 c. à soupe) d'huile végétale
225 g (½ lb) de cubes ou languettes de porc
12 pois mange-tout
1 courgette coupée en tranches
6 champignons de Paris, en quartiers
1 oignon haché
45 ml (3 c. à soupe) de sauce tamari
30 ml (2 c. à soupe) de miel
1 gousse d'ail, sans le germe, hachée finement
5 ml (1 c. à thé) de gingembre râpé
sel et poivre au goût
8 amandes blanches, entières
4 tiges de ciboulette, coupées en morceaux ou hachées

Chauffer l'huile dans une poêle et y faire revenir les cubes ou les languettes de porc, 2 à 3 minutes. Ajouter les pois mange-tout, la courgette, les champignons et l'oignon. Verser la sauce tamari. Bien mélanger, ajouter le miel, l'ail et le gingembre. Saler et poivrer. Ajouter les amandes pendant que la cuisson se prolonge de 2 à 3 minutes, puis parsemer de ciboulette.

Poêlée de languettes «Chinatown»

POUR 4 PERSONNES

45 ml (3 c. à soupe) d'huile végétale
350 g (¾ lb) de languettes de porc
4 courgettes (zucchinis)
125 ml (½ tasse) de fèves vertes ou de haricots verts
6 pâtissons ou 3 courgettes
1 poivron rouge, émincé
6 cornichons frais
30 ml (2 c. à soupe) de sauce tamari
30 ml (2 c. à soupe) de fécule de maïs
sel et poivre au goût
15 ml (1 c. à soupe) de gingembre râpé
1 paquet de 500 g (env. 1 lb) de nouilles à Chow Mein
4 tiges d'oignon vert

Dans un wok, faire chauffer l'huile végétale, puis y faire revenir les languettes, les courgettes et les fèves pendant 3 minutes. Retirer les légumes. Dans le même wok, faire sauter les pâtissons ou les courgettes, le poivron et les cornichons. Verser la sauce tamari. Délayer la fécule dans 60 ml (4 c. à soupe) d'eau. Ajouter ce mélange dans le wok, puis y remettre les légumes. Saler et poivrer. Ajouter le gingembre, mélanger le tout et réserver. Cuire les nouilles à l'eau bouillante salée pendant 5 à 6 minutes, puis les égoutter à l'eau froide. Couper les nouilles et les ajouter au mélange, tout en remuant. Saler, poivrer et servir, parsemé d'oignon vert.

CROQUE-NOTE

Vous pouvez utiliser de longs haricots verts chinois ou encore des légumes comme le bok-choy, un chou de Chine.

VINS CONSEILLÉS

L'inspiration chinoise de cette recette aux accents de gingembre sera mise en valeur par des vins blancs secs ou demi-secs, non dépourvus d'acidité. Choisir parmi les vins allemands de la Moselle et du Rheingau, ou ceux d'Afrique du Sud. Servir bien frais (8°C).

Porc sauté à la martiniquaise

POUR 4 PERSONNES

225 g (½ lb) de gombos ou okras
60 ml (4 c. à soupe) d'huile végétale
2 oignons blancs, émincés
1 lb (450 g) de cubes de porc dans la longe ou dans la pointe
1 piment pili-pili ou jalapeño, grossièrement haché
1 branche de céleri, coupée en petits dés
2 branches de persil italien
2 gousses d'ail, sans le germe, hachées
45 ml (3 c. à soupe) de sauce Diana* originale
500 ml (2 tasses) de fond de veau ou de volaille ou ½ sachet de base, dilué dans 3 tasses (750 ml) d'eau
2 tomates émincées
sel et poivre au goût

Faire cuire les gombos ou okras dans l'eau bouillante salée, 3 à 4 minutes, puis les faire refroidir à l'eau courante et réserver. Dans un grand faitout, faire chauffer l'huile végétale, puis y faire revenir les oignons avec le porc, 3 à 4 minutes, juste pour la coloration. Ajouter le piment haché, le céleri et le persil italien, effeuillé. Ajouter l'ail, la sauce Diana, puis le fond de veau ou de volaille. Compléter avec les tomates, puis couvrir et laisser cuire pendant 15 minutes. Retirer le couvercle, ajouter les gombos, saler et poivrer. Cuire 15 minutes, à couvert et à feu moyen, puis servir dans un contenant de terre cuite, une soupière ou une petite marmite de grès.

*Voir lexique.

On peut garnir ce plat de petits croûtons frottés d'ail ou de fines herbes hachées. Ce plat peut se réchauffer, mais ne supporte pas la congélation, à cause des gombos.

Rôti de longe aux haricots rouges

POUR 6 À 8 PERSONNES

1,5 kg (3¼ lb) de rôti de longe de porc
sel et poivre au goût
45 ml (3 c. à soupe) d'huile végétale
1 oignon émincé très finement
2 tomates en gros dés
15 ml (1 c. à soupe) de piment chili en flocons
450 g (1 lb) de haricots rouges, secs
1 bouquet garni
2 litres (8 tasses) de bouillon
4 gousses d'ail, sans le germe, hachées
2 tiges d'oignons verts en dés

Préchauffer le four à 160°C (325°F). Poser le rôti sur une plaque à four, saler et poivrer, puis badigeonner d'huile végétale. Faire cuire le rôti pendant une heure à une heure trois quarts, au maximum. Le laisser reposer, hors du four, 5 à 10 minutes. Prendre un récipient en fonte, y mettre l'oignon en dés, les tomates et le piment chili. Ajouter les haricots rouges, le bouquet garni et verser de l'eau pour couvrir. Faire cuire 5 minutes en laissant l'eau s'évaporer presque complètement. Verser le bouillon, l'ail haché et les tiges d'oignon vert, puis cuire à couvert pendant 45 minutes. Découvrir et laisser évaporer les jus de cuisson pendant environ 20 minutes. Découper le rôti en tranches, le disposer sur les haricots, couvrir et laisser cuire à basse température au moins 20 minutes. Servir dans le plat de cuisson en parsemant de ciboulette ou d'oignon vert.

Il est important de faire tremper les haricots pendant trois heures à l'eau froide avant de les cuire.

Rôti de pointe de surlonge, désossé (noix)*

CROQUE-NOTE

On pourra rajouter du bouillon ou de l'eau, selon la variété de haricots que l'on utilise.

VINS CONSEILLÉS

Le rouge domine dans cette approche louisianaise du porc rôti. Les saveurs apportées par les tiges d'oignon vert et le piment autorisent des vins rouges soutenus, mais quelque peu évolués, comme de savoureux Carmignano ou Brunello di Montalcino (Toscane) de 8 à 10 ans, servis à 18°C environ.

* Ou rôti de bout de côtes, désossé ou rôti d'extérieur de ronde, désossé ou rôti de paleron, désossé.

Soupe claire aux gombos et aux petits légumes

POUR 4 PERSONNES

45 ml (3 c. à soupe) d'huile végétale
1 oignon haché
125 ml (½ tasse) de chou émincé
1 tomate en dés
1 poivron vert, émincé
225 g (½ lb) de petits cubes de porc
100 g (3½ oz) de pâtes sèches (au choix, mais petites
pour aller dans une soupe)
4 gombos ou okras, détaillés en morceaux
5 ml (1 c. à thé) de gingembre frais, râpé
2 litres (8 tasses) de bouillon de volaille
sel et poivre au goût

Faire chauffer l'huile et y faire revenir l'oignon, le chou, la tomate, le poivron et les cubes. Cuire 3 à 4 minutes. Déposer le tout dans une casserole plus grande. Ajouter les pâtes, les gombos ou okras, le gingembre et le bouillon. Saler et poivrer. Cuire à feu doux pendant 30 minutes environ. Servir la soupe bien chaude.

*Cette soupe peut aussi être épicée et relevée de différentes façons.
On peut alors y ajouter 2 ml (½ c. à thé) d'épices chinoises ou
2 ml (½ c. à thé) de piment oiseau, si on aime les soupes très épicées.*

Cubes à brochettes

CROQUE-NOTE

Cette soupe repas peut être servie avec du riz.

CROQUE-NOTE

Il ne faut pas cuire les languettes longtemps d'avance, car elles perdraient de leur tendreté. On peut également les faire griller sur le gril telles quelles, sans gras, dans une poêle en téflon, juste pour les colorer.

Soupe minestrone aux languettes de porc

POUR 4 PERSONNES

60 ml (4 c. à soupe) d'huile d'olive
75 ml (5 c. à soupe) de carottes en dés
75 ml (5 c. à soupe) de petits pois
2 tomates en dés
30 ml (2 c. à soupe) de persil frais, haché
15 ml (1 c. à soupe) de basilic frais, haché ou 5 ml (1 c. à thé) de basilic séché
75 ml (5 c. à soupe) de coquillettes (pâtes)
30 ml (2 c. à soupe) de pâte de tomate
1,5 litre (6 tasses) de bouillon de volaille
sel et poivre au goût
1 gousse d'ail, sans le germe, hachée
225 g (½ lb) de languettes de porc
15 ml (1 c. à soupe) de beurre ou d'huile végétale
1 oignon émincé

Dans une grande poêle, faire chauffer l'huile d'olive. Y ajouter tous les légumes, sauf l'oignon, la pâte de tomate et l'ail, mettre le persil et le basilic, puis faire suer les légumes pendant 3 à 4 minutes. Ajouter les pâtes, la pâte de tomate et bien remuer. Cuire de nouveau 2 à 3 minutes. Verser le bouillon, porter à ébullition, saler et poivrer. Cuire le tout 25 à 30 minutes. Cinq minutes avant la fin de la cuisson, ajouter l'ail, puis saler et poivrer de nouveau. Réserver.

Dans une autre casserole, faire revenir dans le beurre ou l'huile végétale, les languettes découpées en petits dés ou en demi-morceaux et l'oignon. Cuire 2 à 3 minutes, puis saler et poivrer légèrement. Ajouter aussitôt à la soupe. Cuire très doucement encore 5 minutes, à couvert, puis servir en soupière.

On peut, si on le désire, garnir cette soupe de petits croûtons de pain baguette frottés d'ail ou, tout simplement, ajouter une cuillère de pesto en fin de cuisson, pour parfumer.

Tacos de porc haché à la mexicaine

POUR 4 PERSONNES

45 ml (3 c. à soupe) d'huile végétale
1 oignon haché
225 g (½ lb) de porc haché, maigre
15 ml (1 c. à soupe) de piment chili, haché
1 gousse d'ail, sans le germe, hachée
45 ml (3 c. à soupe) de pâte de tomate
75 ml (5 c. à soupe) de jus de tomate
sel et poivre au goût
125 ml (½ tasse) de bière
6 feuilles de laitue
4 tacos ordinaires ou 8 tacos miniatures
1 tomate en dés
75 ml (5 c. à soupe) de fromage cheddar doux, râpé (facultatif)

Dans une grande casserole, faire chauffer l'huile végétale et y ajouter l'oignon ainsi que le porc. Faire revenir, à feu moyen, pendant 3 à 5 minutes, tout en remuant. Ajouter le piment chili, l'ail, la pâte de tomate et le jus de tomate. Bien mélanger. Laisser cuire, à feu très doux et à couvert, pendant 25 minutes. Retirer le couvercle et bien remuer de nouveau. Saler, poivrer et ajouter la bière. Laisser cuire de nouveau, à feu doux, 15 à 20 minutes. Réserver et laisser refroidir le mélange après évaporation des liquides. Ciseler les feuilles de laitue et en garnir le fond des tacos. Ajouter le porc haché, la tomate en dés et, si désiré, le fromage râpé.

Porc haché

CROQUE-NOTE

Outre les tacos, vous pouvez utiliser ce mélange dans des crêpes, des galettes ou des pains pitas. Ce mélange peut aussi servir pour le lunch des enfants, même s'il est un peu épicé. Il suffit d'éliminer ou de réduire la portion de piment.

Rôti de pointe de surlonge, désossé (noix)

CROQUE-NOTE

On trouve les champignons noirs séchés dans les épiceries asiatiques.

VINS CONSEILLÉS

Cette recette exotique contentera tout le monde, avec du blanc comme du rouge, dans la mesure où les vins sont souples, fruités et bien soutenus.
Tokay Pinot gris (Alsace) ou Châteauneuf du Pape (Vallée du Rhône) seront des blancs assez puissants.
Côte de Nuits-Villages (Bourgogne) ou Saint-Joseph (Vallée du Rhône) seront des rouges tout en fruit, délicats, mais suffisamment charpentés.

Tranches de pointe aux champignons chinois

POUR 4 À 6 PERSONNES

1 kg (2¼ lb) de rôti de pointe de porc
sel et poivre au goût
60 ml (4 c. à soupe) d'huile végétale
500 ml (2 tasses) de champignons noirs, chinois
45 ml (3 c. à soupe) de coriandre fraîche, hachée ou 2 ml (½ c. à thé) de coriandre en poudre
1 gousse d'ail, sans le germe, hachée
45 ml (3 c. à soupe) de sauce aux huîtres chinoise
125 ml (½ tasse) de fond de veau lié ou de bœuf

Saler et poivrer le rôti, puis le déposer dans un plat à four. Ajouter la moitié de l'huile végétale et rôtir pendant une heure à une heure et quart, à 160°C (325°F). Laisser reposer 15 minutes, au four éteint, puis découper des tranches d'environ 1 cm (½ po) d'épaisseur. Cuire les champignons à l'eau bouillante pendant 10 minutes, les égoutter et les laisser refroidir. Faire chauffer le reste de l'huile végétale dans une poêle ou dans un wok, puis y faire sauter les champignons. Ajouter la coriandre, l'ail, la sauce aux huîtres et le fond de veau ou de bœuf. Cuire 2 à 3 minutes, puis saler et poivrer. Ajouter les tranches de rôti dans la sauce et servir.

GAMME DE COUPES

ÉPAULE

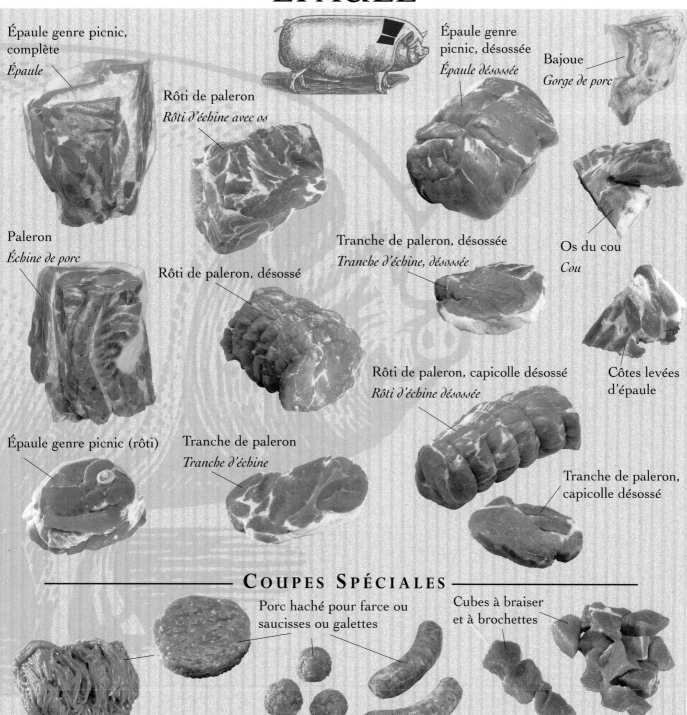

Épaule genre picnic, complète

Épaule

Rôti de paleron

Rôti d'échine avec os

Épaule genre picnic, désossée

Épaule désossée

Bajoue

Gorge de porc

Paleron

Échine de porc

Rôti de paleron, désossé

Tranche de paleron, désossée

Tranche d'échine, désossée

Os du cou

Cou

Rôti de paleron, capicolle désossé

Rôti d'échine désossée

Côtes levées d'épaule

Épaule genre picnic (rôti)

Tranche de paleron

Tranche d'échine

Tranche de paleron, capicolle désossé

COUPES SPÉCIALES

Porc haché pour farce ou saucisses ou galettes

Cubes à braiser et à brochettes

Lexique

Affiné: Se dit d'un fromage qui a mûri pendant plusieurs semaines, voire plusieurs mois, à la différence d'un fromage frais.

Atocas: Nom indien donné à la canneberge.

Bacon: Partie de la poitrine de porc ou du flanc de porc déjà fumé. Il existe aussi du bacon de dos (partie de longe également fumée).

Bain-marie (faire un bain-marie ou cuire au bain-marie): Cela consiste à utiliser un récipient dans lequel on a ajouté de l'eau et à mettre à l'intérieur de celui-ci un autre récipient plus petit qui recevra ce que l'on veut faire chauffer.

Balsamique (vinaigre): Vinaigre de vin qui a subi une transformation de vieillissement pouvant aller jusqu'à 25 ans. Ce vinaigre provient de Modène, en Italie.

Bette à carde: Légume à côtes, de la même famille que le céleri, dont on mange généralement la côte. Mais les feuilles sont aussi comestibles.

Beurre manié: Élément de liaison comprenant du beurre et de la farine mélangés, en quantités égales.

Blanchir: Action qui consiste à ébouillanter une viande ou un légume quelques minutes, sans le cuire.

Bocconcini: En fait, ce fromage est de la mozzarella fraîche, non affinée. La meilleure, conservée dans l'eau saumurée et rafraîchie, est la *di buffalo,* faite de lait de bufflonne.

Bouquet garni: Il se compose ordinairement de tiges de persil, d'une branche de céleri, d'une feuille de laurier et d'une brindille de thym. On y ajoute quelquefois des baies de genièvre ou du clou de girofle.

Broil: Terminologie utilisée sur les fours d'origine américaine. Quand on parle de mettre un plat à *broil,* cela signifie en fait qu'on doit le faire griller ou gratiner.

Casseau: Au Québec, contenant de bois ou de plastique dans lequel on vend certains fruits et légumes, comme les champignons, les fraises ou les framboises.

Chiffonnade, en: Couper grossièrement de la salade ou de l'oignon en lanières.

Ciseler: Action de couper très finement, en biseau de préférence. On cisèle la salade, les herbes, etc.

Clamato: Marque de commerce d'un jus de tomate et de palourdes, assaisonné.

Concasser: Opération qui consiste à découper, à l'aide d'un hachoir ou d'un gros couteau, de façon grossière.

Couteau économe: Se dit du couteau avec lequel on épluche. Il porte ce nom parce qu'il économise le légume ou le fruit que l'on épluche.

Cuillère à thé: Au Québec, c'est l'équivalent de la cuillère à café utilisée en Europe.

Déglacer: Action qui consiste à récupérer les sucs de cuisson qui ont caramélisé en ajoutant un liquide.

Dégorger: Action qui consiste à plonger dans l'eau courante une viande ou un légume pour en faire ressortir les impuretés ou le sang.

Demi-glace: Réduction d'un fond de veau de la moitié de son volume.

Dessaler: Action qui consiste à plonger dans l'eau courante une viande ou un poisson pour en faire sortir le sel.

Détendre: Ajouter un liquide pour allonger une sauce.

Émonder: En parlant des tomates, en retirer la peau en plongeant les tomates dans l'eau chaude.

Épépiner: Opération qui consiste à retirer les pépins. On utilise ce terme pour les tomates ou les raisins. On retire les pépins d'une tomate en la pressant du bout des doigts.

Table des matières

Achevé d'imprimer au Canada
sur les presses de l'imprimerie Interglobe